Kompost

Gold im Biogarten

Richtlinien
zur Kompostgewinnung
und Kompostanwendung
mit ausführlicher Beschreibung
der Schnellkompostmethode

Erfahrungen aus 40jähriger Praxis
im Klostergarten

Abtei Fulda

Herausgeber: Abtei zur Hl. Maria
Nonnengasse 16, D-6400 Fulda

Herstellung: Parzeller, Fulda

3. Auflage 1993

ISBN 3-924201-38-2

Inhaltsverzeichnis

Vorwort

„Warum hat eigentlich die Abtei Fulda kein eigenes Kompostbuch herausgegeben?“ So hat mancher Leser unserer Schriften schon gefragt und uns gleichzeitig zu verstehen gegeben, daß ein solches Büchlein auf großes Interesse stoßen würde.
Nun ist es also soweit. In der vorliegenden Broschüre haben wir unsere Erfahrungen aus 40jähriger Kompostbau-Praxis für Sie zusammengefaßt. Daß der Blick dabei auch auf die Anfänge unseres biologischen Gartenbaus gelenkt wird, die eng mit der Entdeckung und Erprobung der Schnellkompostmethode nach M. E. Bruce und dem unermüdlichen Einsatz und Pioniergeist unserer Schwester Laurentia Dombrowski OSB († 1979) verknüpft sind, wird niemanden, der unsere Arbeit verfolgt hat, wundern.
Miss Bruce, die unserer Abtei bis zu ihrem Tod 1964 freundschaftlich verbunden war und für unsere Fragen hinsichtlich der Vereinfachung und Weiterentwicklung ihrer Methode immer ein offenes Ohr hatte, gilt auch heute noch unser Dank. Ihre Broschüre „Common-Sense Compost Making“, von Sr. Laurentia Dombrowski OSB aus der Fuldaer Abtei unter dem Titel „Gartenglück durch Schnellkompost“ ins Deutsche übertragen und 1955 vom Waerland-Verlag, Mannheim, herausgegeben, konnte schon vielen Menschen einen Weg zur Fruchtbarerhaltung ihrer Gärten aufzeigen. Da diese Broschüre nun ausläuft, haben wir der Schnellkompostmethode, ihrer Entdeckung, ihrer Bedeutung, ihrer praktischen Durchführung und ihrer Vorteile ein eigenes Kapitel gewidmet.
Doch die Entwicklung ist inzwischen weitergegangen. Viele neue Erkenntnisse und Erfahrungen haben wir im Laufe der Jahre hinzugewonnen. Auch dabei standen wir nicht allein. Zahlreiche Kontakte mit Biogärtnern ermöglichten einen regen Austausch über alle den Kompostbau betreffenden Fragen. Danken möchten wir an dieser Stelle vor allem Herrn Heinz Jahn, Fachberater für Kompostfragen, Neckargemünd, der uns stets gern an seinem reichen Wissen und seinen praktischen Erfahrungen teilnehmen ließ.

In diesem Buch ist nun der Versuch unternommen worden, einen für jedermann verständlichen Einblick in die Vorgänge des Rotteprozesses zu vermitteln und außerdem praktische Anleitungen zur Bereitung von hochwertigem Kompost zu geben.
Möge es allen, denen die Fruchtbarkeit ihres Gartenbodens am Herzen liegt, zeigen, daß Kompost wirklich *Gold im Biogarten* ist.

April 1990 Abtei Fulda

1 Einführung

1.1 Lebendiger Boden – fruchtbarer Boden

Kennen wir eigentlich den Wert einer Handvoll Gartenerde, die wir langsam durch unsere Finger gleiten lassen? Wissen wir, daß unser Gartenboden uns als ein kostbares Gut anvertraut ist? Nicht jeder Boden ist gleich. Die Anteile an Sand, Ton und Lehm bestimmen weitgehend seinen Charakter. Fruchtbare Erde wird er aber erst, wenn er lebendig ist, d. h., er muß durchsetzt sein mit Humus, also mit abgestorbenen und umgewandelten organischen Stoffen; er muß Raum haben für Wasser und Luft, und er muß Milliardenheere von Lebewesen beherbergen.

Bis zur ersten Hälfte des vorigen Jahrhunderts hielt man Humus für das notwendige, unentbehrliche Nährsubstrat der Pflanzen. Das änderte sich, als in großem Umfang Mineraldünger hergestellt und eingesetzt wurde. Man sah, daß die Pflanzen auch in reiner Nährlösung wuchsen, und vergaß bald, daß der Humus für die Fruchtbarkeit des Bodens die wesentliche Rolle spielt.

Nun ist diese Frage aufgrund der modernen Entwicklung in Land- und Gartenbau wieder akut geworden. Immer wieder liest man von Verschlämmung der Böden, von Erosion und Überschwemmungen, von resistenten Schädlingen und neu auftauchenden Schaderregern. Hängt das vielleicht mit dem Humus bzw. dem Humusschwund zusammen? Ist das Gleichgewicht der Lebensgemeinschaft Boden–Pflanze seines stabilisierenden Faktors beraubt?

Es ist nicht schwer, auf diese Fragen zu antworten, wenn wir die Wirkungen des Humus im Boden betrachten. Als **Nährhumus** ist er die Nahrungsgrundlage für Milliarden von Bodenorganismen. Indem diese von ihm zehren, setzen sie Nährstoffe und Spurenelemente frei für die Pflanzen, die nun ihrerseits davon leben.

Als **Dauerhumus** trägt er wesentlich zur Verbesserung der Bodenstruktur bei. Auch hier sind es die unzähligen Lebewesen und nicht zuletzt die Regenwürmer, die dabei mithelfen. Sie lockern den Boden auf, schaffen Hohlräume für die Pflanzenwurzeln, sorgen für Luftzufuhr und sind am Aufbau stabiler Krümel durch Ton-Humus-Komplexe beteiligt. So wird das Verschlämmen und Verdichten des Bodens ver-

hindert. Sandige und leichte Böden dagegen brauchen den Humus notwendig, um Wasser und Nährstoffe speichern zu können.
Die Anreicherung des Bodens mit Humus ist deshalb die wichtigste Maßnahme zur Erhaltung der Bodenfruchtbarkeit.

1.2 Kompost – Fruchtbarkeit durch Bodenbelebung

Wie aber können wir unseren Gartenboden auf einfache und billige Weise mit Humus anreichern? Indem wir z. B. alle Abfälle aus Garten und Küche sorgfältig sammeln und kompostieren. Was uns die Erde gab und was nicht der Ernährung von Mensch und Tier diente, erhält sie über den Weg der Kompostierung wieder zurück. Auf diese Weise wird der Boden zu dauerhafter Fruchtbarkeit gebracht. Schon deshalb ist es heute für umweltbewußte Gärtner eine Selbstverständlichkeit, Kompost zu bauen. Doch es gibt darüber hinaus noch andere Gründe, die dazu ermutigen, alle organischen Abfälle zu kompostieren.
Die Forschung konnte in den letzten Jahren nachweisen, daß sich bei der Rotte eine Reihe von Wirkstoffen bilden, die von großem Einfluß auf Wuchsverhalten und Reifevermögen der Pflanzen sind. Gewiß liegen viele Erkenntnisse noch im dunkeln, aber die bereits gewonnenen Erfahrungen zeigen die hohe Überlegenheit der Kompostdüngung gegenüber chemischer Düngung klar auf.
So weiß man, daß aus verschiedenen Inhaltsstoffen der Kompostmasse, z. B. aus Tanninen und Gerbsäuren in Rinde und Weintrester, vollständig andere Verbindungen aufgebaut werden, die im Reifkompost wirksam sind. Zu den bekanntesten dieser Stoffe gehören die Auxine, die als Pflanzenwuchsstoffe Wachstum und Vermehrung der Pflanzenzellen anregen und beschleunigen.
Auch Vitamine wie Vitamin B_2 und B_5 entstehen, ebenso bestimmte phenolische Verbindungen und biologische Antibiotika, die die Widerstandskraft gegen Schadorganismen stärken.
Man kann nur staunen, was im Komposthaufen geschieht. Da entwickeln sich Mikroorganismen, die später den Kampf gegen Krankheitskeime im Boden aufnehmen. „Raubpilze", ebenfalls im Komposthaufen entstanden, fangen, sobald sie aufs Land kommen, in ihren Schlingen Nematoden und vernichten diese schädlichen Fadenwürmer, die die Wurzeln so vieler Pflanzen ansaugen oder in sie eindringen.
Im Laboratorium des Komposthaufens tut sich noch mehr. Verschiedene

Rückstände aus Pestiziden und Herbiziden, die durch den Gebrauch chemischer Pflanzenschutz- und Unkrautbekämpfungsmittel dem Kompostmaterial anhaften können, werden während der Rotte abgebaut. Mit Schwermetallen allerdings wird auch der Kompost nicht fertig. Sie werden aber immerhin von den Huminstoffen so festgelegt, daß die Pflanzen sie bei genügend hohen pH-Werten nicht aufnehmen können.
Im Komposthaufen geschieht also etwas: Aus Abfällen wird fruchtbarer Humus, Krankheitskeime werden vernichtet, und Kräfte, die die Gesundung von Boden und Pflanzen bewirken, gefördert.

Einen Komposthaufen zu bauen ist eine beglückende und faszinierende Aufgabe, doch dürfen wir nicht in den Irrtum verfallen, wir könnten Kompost machen. Gute Komposterde entsteht auch nicht von selbst, sondern sie ist das Werk ungezählter Bodenorganismen, vom kleinsten Bakterium bis zum Regenwurm. Wir selbst müssen nur die bestmöglichen Bedingungen für die Entwicklung und Tätigkeit dieser Helfer schaffen. Dazu sollen die folgenden Ausführungen Anleitung und Hilfe geben.

2 Grundlegende Fragen zur Kompostbereitung

2.1 Was ist Kompost?

Es ist nicht leicht, auf die Frage, wie Kompost umschrieben werden kann, eine erschöpfende, überall anerkannte Antwort zu geben. Die allgemeine Formel aus dem Lexikon besagt: *Kompost ist ein Verrottungsprodukt aus vielseitig zusammengesetzten pflanzlichen und tierischen Abfällen unter geringfügigem Beischlag von Erde"*. Dabei bleibt jedoch recht unbestimmt, wie dieses „Verrottungsprodukt" aussieht oder auszusehen hat.
Demgegenüber läßt Eberhard Spohns Definitionsversuch: *„Kompost ist ein Konzentrat von vielfältigen tierischen, pflanzlichen, pilzlichen Lebewesen, ihren Nahrungsreserven und ihren Stoffwechselprodukten"* erkennen, um welch vielschichtige, lebendige Substanz es sich handelt, und wie schwierig es ist, für das, was Kompost ausmacht, eine Kurzform zu finden.
Wie hoch der **Wert** des Kompostes einzuschätzen ist, zeigt G. Preuschens Beschreibung: *„Kompost ist ein Spitzenerzeugnis an selbsterzeugten Pflanzennährstoffen in einem von der Natur regulierten Verhältnis"*. Ähnliche Auffassungen vom Kompost als einem hochwertigen Düngemittel bezeugen auch die folgenden Aussagen von Landwirten und Gärtnern, die hier einfach aneinandergereiht werden sollen:
„Kompost ist das Gold des Landwirts",
„Sparbüchse des Landwirts und Gärtners",
„Bester Boden- und Pflanzendünger",
„Heilmittel für kranke Böden".

In jedem Fall ist Kompost das Endprodukt eines gesunden, nach festen Regeln ablaufenden Kompostierungsprozesses. Er ist durch **Verrotten,** nicht durch **Verfaulen** entstanden. Für die Praxis bedeutet das also: Kompost darf nicht stinken. Er riecht nicht anders und sieht nicht anders aus als fruchtbare Erde.
Die Abfälle, mit denen wir den Komposthaufen bauen, sind noch kein Kompost, sie müssen es erst werden. Als Kompost bezeichnen wir sie erst, wenn sie wenigstens angerottet oder zum Teil verrottet sind. Und auch dann bekommt der Kompost den Zusatz *angerotteter* oder *Mulch*kompost. Wenn wir aber nach Ablauf der Rottezeit den Komposthaufen anstechen und in dunkelbraune, krümelige Erde greifen, dann haben wir reifen Kompost vor uns, **Humus.**

Ist **Humus** und **Kompost** dann also das gleiche? Im Garten wird man wohl kaum zwischen beiden unterscheiden können. Doch auch für Humus gibt es wissenschaftliche Definitionen. So versteht man unter **Humus im weiteren Sinn** *alle abgestorbenen und umgewandelten organischen Bestandteile des Bodens,* unter **Humus im engeren Sinn** nur *die bereits in stabile Humusverbindungen überführten organischen Bestandteile des Bodens* (vgl. Schroeder, Bodenkunde in Stichworten a. a. O.).
Wie dem auch sei, sicher ist, daß reifer Kompost zum großen Teil aus Humus besteht. Es ist deshalb durchaus zulässig, wenn wir unseren Kompost als Humus bezeichnen. Zwar entsteht Humus auch außerhalb des Komposthaufens, im Waldboden z. B. oder unter Dauergrünland, doch nur beim Kompostieren können wir die Bildung von Humus gezielt beeinflussen, damit uns dieses Gut für die Fruchtbarerhaltung unseres Gartens stets reichlich zur Verfügung steht.
Kompost ist wirklich Gold im Garten.

2.2 Was wird kompostiert?

Viel Unsicherheit herrscht noch bei der Frage, was alles zum Kompostbau geeignet ist. Natürlich ist im Prinzip alles organische Material, d. h. alles, was in irgendeiner Form schon einmal Bestandteil eines Lebewesens war, abbaubar, also auch kompostierbar. Aber nicht alles ist in gleicher Weise geeignet zur Kompostierung im Hausgarten. Trotzdem kann mit einiger Findigkeit und gutem Willen jeder Gärtner genügend Material zusammenbringen, um fruchtbare Erde daraus zu gewinnen.

Gut geeignet zur Kompostierung im Hausgarten sind sämtliche **Gartenabfälle:** Ernterückstände von Gemüse, Schnittreste von Stauden und Sommerblumen, Rasen- und Wiesenschnitt, Unkräuter jeglicher Art, auch so hartnäckige wie Quecken, Hahnenfuß, Winden, Disteln u. a., außerdem Kartoffelkraut, Erbsstroh, Bohnen-, Tomaten-, Gurken-, Kürbis- und Möhrenkraut, Blätter und Wurzelrückstände von Salat, Zwiebeln, Comfrey sowie alle Rückstände von Heil- und Küchenkräutern.
Aber auch alle **Küchenabfälle** sind wertvolle Kompost-Rohstoffe, so z. B. der Putzabfall von Gemüse, Rückstände aus Kaffee- und Teefiltern, Schalen von Südfrüchten in kleinen Mengen – besonders wertvoll sind Bananenschalen –, Eierschalen, Kartoffelschalen und -keime und anderes.
Andere **organische Haushaltsabfälle** wie Papier und Pappe (außer Farbdrucken und Glanzpapier), alte Stoffe, Woll- und Haarreste, alte Federn,

Holzwolle, Holzasche, Seegras u. ä. eignen sich gut zum Ausgleich von sehr feuchtem, frischem Material.
In der **Landwirtschaft** fällt vor allem Mist jeglicher Art, altes Heu, Stroh u. ä. an, was in kleinen Mengen ebenfalls vorteilhaft in den Gartenkompost mit eingebaut werden kann.
Als zusätzliches **Kompostmaterial aus der freien Natur** sind junge Brennnesseln, Löwenzahn und andere Wildkräuter, die man sich an Weg- oder Bachrändern holen kann, sehr zu empfehlen.

Geeignet für Spezialkomposte sind größere Mengen an Laub, Stroh, Sägemehl, Rasenschnitt, Mist, Baum- und Strauchschnitt oder Rinde. In den normalen, gemischten Haus- und Gartenkompost können – mit Ausnahme des Mistes – nur jeweils sehr kleine Mengen davon eingebaut werden, da sonst die Verrottung gehindert wird. Zu dieser Gruppe zählt auch das Moos, das gelegentlich in größeren Mengen aus dem Rasen herausgerecht wird.

Weniger geeignet für den Kompost sind *gekochte* und *fettige Speisereste.* Sicher schadet es nichts, wenn geringe Mengen davon im Komposthaufen enthalten sind, doch sobald große Lagen eingeschichtet werden, kommt es zu luftabschließenden Schichten und demzufolge zu Fäulnis. Auch werden gekochte Abfälle bei der Kompostierung nicht mehr heiß, denn die zellverändernden, energiefreisetzenden Vorgänge sind schon abgelaufen.

Und wie steht es nun mit **kranken Pflanzen** oder **kranken Pflanzenteilen** und mit **samentragendem Unkraut?** Auch hier gilt grundsätzlich, daß im richtig gebauten Komposthaufen durch die hohe Anfangstemperatur Unkrautsamen keimunfähig und Krankheitserreger abgetötet werden. Letzteres geschieht allerdings mehr noch durch die Tätigkeit der Schimmel- und Strahlenpilze. Leider wird aber der Gartenkompost oftmals nicht so heiß, wie es nötig wäre, vor allem an den Rändern. Auch die Verpilzung tritt nicht immer in der gewünschten Intensität ein. Deshalb sollte man im Hausgarten Pflanzen, die von besonders hartnäckigen Krankheiten befallen sind, nicht kompostieren, sondern vernichten. Solche gefürchteten Krankheiten sind: *Kohlhernie, Rost, Himbeerrutenkrankheit, Frucht- und Astmonilia und Feuerbrand.*

Nicht in den Komposthaufen gehören alle *nicht verrottbaren Stoffe,* z. B. Glas, Metall, Porzellan, sämtliche Kunststoffe sowie die mit einer Wachsschicht überzogenen Milchtüten, was sich eigentlich von selbst versteht.

Auch der *Inhalt des Staubsaugerbeutels*, der bis vor einigen Jahren noch unbedenklich mitverwendet werden konnte, soll wegen möglicher Schadstoffe lieber in die Mülltonne wandern. Das gleiche gilt für Kohlen- und Koksasche, während reine Holzasche wegen des hohen Kaligehaltes weiterhin ein wertvoller Kompostzusatz ist. Außerdem sind *Öl-* und *Farbreste* sowie *Bauschutt* vom Komposthaufen fernzuhalten.

Menschliche Fäkalien zu kompostieren, erfordert viel Sorgfalt und besondere Kenntnisse. Im Gartenkompost, vor allem im Schnellkompost, haben sie nichts zu suchen. Die in Jauchegruben gesammelten Fäkalien sind viel zu naß und voller Fäulnisbakterien. Eine hohe Anfangstemperatur, die gerade bei Fäkalienkompost nötig wäre, um Krankheitserreger abzutöten und eine Verpilzung einzuleiten, kommt nicht zustande. Außerdem gehen von eingebauten Fäkalien meist Fäulnisherde aus, die eine gesunde Verrottung auch der anderen Abfälle behindern.
Ein anderer, noch stichhaltigerer Grund, von der Kompostierung menschlicher Fäkalien abzusehen, liegt in der Tatsache, daß viele menschliche Krankheitserreger im faulenden Kompost nicht vernichtet, sondern sogar vermehrt werden können. Gelangt solcher Kompost an das Gemüse, das wir womöglich noch als Rohkost verzehren, werden die Krankheitskeime oder Wurmeier – man braucht da nur an die letzte Nachkriegszeit zu denken – mit übertragen. Gustav Rohde, dem wir wesentliche Erkenntnisse über die Vorgänge im Komposthaufen verdanken, rät sogar davon ab, einen scheinbar richtig gelungenen Fäkalienkompost für Gemüse zu verwenden. Für Zierpflanzen und Sträucher allerdings sei er mit Erfolg einsetzbar.
Man könnte nun entgegenhalten, daß in China seit Jahrtausenden Fäkalien einen wertvollen Bestandteil des Kompostmaterials ausmachen, ohne negative Auswirkungen auf die Gesundheit der Menschen. Doch ist hierzu zu sagen, daß dort die Fäkalien *täglich frisch* kompostiert werden, also bevor sich größere Ansammlungen anaerober Bakterien darauf ansiedeln können.
Wer sich näher für die Fäkalienkompostierung interessiert, kann in dem Buch: *„Biologische Abwasserreinigung im Haus"* vom Ökobuch-Verlag, 3523 Grebenstein, ausführliche Informationen und Anleitungen finden.

2.3 Was geschieht im Komposthaufen?

„Eine große Naturwerkstatt zusammenarbeitender Lebewesen" nannte M. E. Bruce, die Erfinderin der Schnellkompostmethode, den Komposthaufen. In dieser *„Naturwerkstatt"* laufen im Grunde dieselben Vorgänge ab, wie in jedem lebendigen Boden, sofern ihm immer wieder organisches Material zugeführt wird. Da werden Pflanzenabfälle abgebaut bis auf ihre mineralischen Bestandteile oder zu festen Restverbindungen. Da werden aus solchen organischen Bausteinen neue Humusverbindungen aufgebaut. Da vermehren sich Schimmelpilze, Strahlenpilze, Hutpilze, Bakterien, Hefen, Algen, Regenwürmer und andere Klein- und Kleinsttiere. Da werden Antibiotika und Vitamine produziert. Da entstehen die stabilen Krümel aus Ton-Humus-Komplexen, die die lockere Struktur der Erde bilden.

Im **Komposthaufen** können wir ein günstiges Kleinklima und gute Lebens- und Arbeitsbedingungen für alle erwünschten Kleinlebewesen schaffen. Weder im Acker noch im Grünland oder Gartenboden finden wir eine solche Fülle von Mikroben und Bodentieren aller Art, und nirgends laufen die Ab-, Um- und Aufbauvorgänge so intensiv und gesteuert ab wie im gut gebauten Komposthaufen.

2.3.1 Die Verwesung

Die Abbauvorgänge werden unter dem Begriff *„Verwesung"* zusammengefaßt. Gemeint ist damit die *teilweise Zerkleinerung der organischen Abfälle bis zu kleinen Restverbindungen.*

Sobald die Pflanzen abgestorben sind, beginnen in deren Zellen und Zellverbänden bereits chemische Abbauprozesse, an denen verschiedene Bakterien beteiligt sind. Diese Vorgänge laufen vielfach als Hydrolysen oder Oxidationen ab. Dabei werden Gewebeverbände aufgelöst, Zellwandstrukturen in kleinere Einheiten aufgespalten und große Zellulosemoleküle in kleinere Bausteine zerlegt. Äußerlich werden die Pflanzen welk, schlaff und verfärben sich. In dieser Phase wird viel Energie frei. Das macht verständlich, daß lange abgelagerte Abfälle kaum noch Hitze erzeugen, weil diese Prozesse schon zum großen Teil abgelaufen sind. Je mehr frisches Grün jedoch in den Komposthaufen eingebaut wird, um so höher wird die Temperatur während der Anfangsphase der Verrottung steigen.

Nach dieser ersten Phase, der sogenannten biochemischen Initialphase, aber auch schon parallel dazu, greifen die Kleintiere im Kompost die Pflanzenteile von außen an und sorgen für weitere mechanische Zerkleinerung. Hierbei sind Asseln, Springschwänze, Milben, Zwerg-, Hundert- und Tausendfüßler, Enchyträen, Insektenlarven und vor allem die Regenwürmer, auf deren Bedeutung noch besonders eingegangen wird, gefragt.

Schließlich kommen noch Bakterien, Pilze und andere Mikroorganismen zum Zug, die den Abbau bis zu organischen Restverbindungen vornehmen. Zurück bleiben dann die Bausteine, aus denen neue Verbindungen, die sogenannten Huminstoffe, aufgebaut werden.

Diese Phasen, vor allem die beiden letztgenannten, laufen jedoch nicht streng voneinander getrennt ab. Der Abbau in seinen verschiedenen Stufen geschieht vielmehr im ständigen Mit- und Ineinanderwirken aller daran beteiligten Lebewesen. Eine Ausnahme bildet dabei nur die erste Phase, in der tatsächlich vorwiegend solche Prozesse ablaufen, bei denen viel Energie frei wird. Diese wird jedoch gleich wieder verwendet zur Entwicklung und Vermehrung bestimmter Bakterien- und Pilzgruppen, die nunmehr andere Aufgaben zu bewältigen haben. Sogar Um- und Aufbauvorgänge laufen schon ab, wenn längst noch nicht alle pflanzlichen Reste abgebaut sind.

2.3.1.1 Fäulnis statt Rotte

Die Vorgänge der Verwesung können unter zwei Bedingungen vor sich gehen. Nehmen wir zunächst einmal an, sie verlaufen unter Luftabschluß, also anaerob. Das heißt, es können nur solche Mikroben tätig werden, die keinen Sauerstoff als Energiequelle benötigen. Diese setzen verschiedene übelriechende Gase frei. *Das charakteristische Merkmal einer anaeroben Verwesung ist somit Fäulnis und Gestank.*

Als Nebenprodukte werden von den Bakterien aus Eiweißbausteinen die Fäulnisgifte Putrescin und Kadaverin erzeugt, die sowohl für das Bodenleben als auch für das Pflanzenwachstum sehr schädlich sind. Aber nicht nur das, sie wirken auf einige gefährliche Krankheitserreger, z. B. Gasbrand und Salmonellen, als Wuchsstoffe, d. h., schon kleine Mengen dieser Giftstoffe regen das Wachstum und die Vermehrung dieser Bakterien außerordentlich stark an. Andere pflanzliche, tierische und menschliche Krankheitserreger, wie z. B. die von Thyphus, Ruhr, Milzbrand und

Hühnerpest bleiben in faulenden Massen lange Zeit lebens- und ansteckungsfähig. Ebenso wird die Ausbreitung der Kohlhernie und des Beulenbrandes beim Mais durch faulende Stoffe begünstigt.
Als untrügliches Zeichen, daß im Komposthaufen Fäulnisherde vorhanden sind, gelten auch *Ansammlungen von Fliegen.* Durch die in faulenden Stoffen entstehenden übelriechenden Gase, wie Ammoniak, Schwefelwasserstoff, Phosphorwasserstoff u. a. werden sie von weither angelockt. Faulige Massen sind daher auch immer Brutstätten für Fliegen aller Art. Sogar dann, wenn diese Gase von Pflanzen, die mit faulenden Abfällen gedüngt wurden, aufgenommen werden, locken sie noch Rettich-, Kohl-, Zwiebel- und Möhrenfliegen an. Auch die Vermehrung der im Boden lebenden Nematoden (Älchen), die viele unserer Kulturpflanzen durch Saugen an den Wurzeln oder Eindringen in die Wurzeln schädigen, wird durch Fäulnis begünstigt.
Außerdem sei noch hinzugefügt, daß gerade in Fäulnisgasen wichtige Nährstoffe entweichen und der Düngewert des so entstehenden Kompostes herabgemindert wird.

2.3.1.2 Der gesunde Rotteverlauf

Es versteht sich von selbst, daß Fäulnis, also anaerobe Verwesung, im Komposthaufen auf jeden Fall vermieden werden muß. Hier soll die Verwesung immer unter Luftzufuhr, also aerob, verlaufen. In diesem Fall spricht man von *Rotte.* Nun sind Mikroben an der Arbeit, die Sauerstoff benötigen. Bei den durch sie in Gang kommenden Oxidationsprozessen werden Temperaturen bis 70° C erzeugt. Das bedeutet, daß schon durch die anfängliche hohe Temperatur, die bei Fäulnis nicht zustande kommt, viele Krankheitskeime und Unkrautsamen abgetötet werden. *Kennzeichen der Rotte ist es, daß keine unangenehmen Gerüche entstehen, sondern der Kompost riecht nach einiger Zeit wie Walderde.*
Ob eine gesunde Rotte abläuft, kann man schon ziemlich bald nach der heißen Anfangsphase, die ja den Rotteprozeß einleitet, feststellen. Sticht man mit der Grabgabel in den nun zusammengesunkenen Komposthaufen an einigen Stellen hinein und hebt das Material leicht an, so erkennt man, wie feine weiße Fäden das Innere durchziehen. Dabei handelt es sich um das Mycel, also das Pilzgeflecht und die Fäden der Strahlen-, Schimmel- und Hutpilze, die eine wichtige Rolle beim Rotteverlauf spielen. So wird z. B. von den Schimmelpilzen der Aspergillusgruppe das bei der

Fäulnis entstandene Putrescin abgebaut und beseitigt. Andererseits werden sauerstoffliebende Rottebakterien gefördert und eine Reihe Antibiotika erzeugt, z. B. Penicillin und Streptomycin, die für die selbstreinigende Kraft des Bodens notwendig sind und menschliche, tierische und pflanzliche Krankheitserreger abtöten. Außerdem sind die verschiedenen Pilzgruppen leistungsfähige Vitaminproduzenten. In erster Linie erzeugen sie Vitamine der B-Gruppe sowie Vorstufen der Vitamine A und D_2. Aber auch Aroma- und Geschmacksstoffe werden schon während der Rotte gebildet, weshalb Reifkompost gern von Ferkeln gefressen wird und für deren Gesundheit sehr zuträglich ist.
In Versuchen wurde festgestellt, daß Pflanzenwurzeln Zersetzungsprodukte einer Rotte sehr leicht aufnehmen und verwerten können. Sie werden mit Vitaminen und Antibiotika versorgt und erhalten hochwertige, verfügbare Nährstoffe. Organische Rückstände, die die Schimmelpilzstufe durchlaufen haben, sind nach kurzer Zeit vollkommen durchwurzelt, während andererseits die Pflanzenwurzeln vor faulenden Rückständen im Boden ausweichen.
Während beim Faulen viele Nährstoffe als Gase entweichen und somit den Pflanzen verlorengehen, werden sie bei der Rotte sofort im Pilzeiweiß festgelegt und zu gegebener Zeit als langsamfließende Stickstoffquelle wieder freigesetzt. Gefördert wird bei der Rotte außerdem die Bindung von Luftstickstoff durch bestimmte Bakterien und Algen.

Nach allem, was bisher gesagt ist, muß es unser Ziel sein, im Komposthaufen ein günstiges Kleinklima und sehr gute Bedingungen für alle an der Rotte beteiligten Bodenlebewesen zu schaffen.

2.3.2 Die Humifizierung

Den Prozeß des Um- und Aufbaus nennt man Humifizierung. Auch hier sind Bakterien und Pilze beteiligt, die Sauerstoff benötigen. Gerade die wertvollste Humusform, der *Mullhumus,* entsteht nur bei genügender Durchlüftung, während unter Sauerstoffmangel und in sauren Bereichen der weniger wertvolle *Rohhumus* entsteht. Humusformen, die sich unter Luftmangel oder anderen ungünstigen Bedingungen gebildet haben, sind wenig stabil. Sie verschwinden schnell, wenn die Bedingungen geändert werden, also wenn Sauerstoff zugeführt oder an sauren Standorten, z. B. im Nadelwald, Kalk gedüngt wird.
Die stabile Krümelstruktur des **Mullhumus** dagegen entsteht durch das

Zusammenwirken von Pilzen, Regenwürmern und unzähliger Mikroben. Als Ausgangsstoffe dafür dienen die bei der Rotte herausgelösten organischen Restverbindungen wie Benzolringe, Naphtalinringe, verschiedene andere Kerne und Verbindungsstücke. Diese werden nun zu mehr oder weniger großen und stabilen Huminstoffen zusammengefügt. Zu diesen **Huminstoffen** gehören *Fulvosäuren,* die gelblich gefärbt sind und noch relativ leicht wieder ab- und umgebaut werden können, *Huminsäuren* mit grauer Färbung, die wegen der Reaktionsfreudigkeit ihrer aktiven Seitengruppen besonders erwünscht sind, und die fast schwarz gefärbten, sehr stabilen *Humine.* Alle diese Huminstoffe sind in ihrer Zusammensetzung und Verschiedenartigkeit noch längst nicht erforscht. Daß sie jedoch wesentlich zur Bildung der stabilen Krümelstruktur beitragen, steht außer Zweifel.

Je mehr Regenwürmer am Aufbau der Humusverbindungen mitwirken, um so eher entsteht die wertvollste Humusform, der **Mullhumus.** Voraussetzung dafür ist jedoch auch ein genügend hoher pH-Wert, der evtl. durch Kalkzufuhr reguliert werden kann.

Eine weniger wertvolle Humusform, der **Moder,** entsteht durch Mitwirken von Insekten und Insektenlarven. Meist beginnt die Moderbildung durch faulende organische Massen, die dicht von Fliegen und anderen Insekten besiedelt werden. Durch die grabende, minierende Tätigkeit sorgen die Insekten für gute Durchlüftung der Abfälle, so daß Fäulnisvorgänge z. T. in Rottevorgänge umschlagen. Es gibt sogar Insekten, die ein Sekret ausscheiden, das fäulniserregende Bakterien vernichtet. So nehmen nach und nach die Rottebildner zu, und es entsteht der Moder, der zum größten Teil aus Insektenkot besteht.

Im Komposthaufen kommen beide Humusformen vor. Sie stellen ein natürliches Mittel zur Steigerung der Bodenfruchtbarkeit dar, können Wasser speichern, Nährstoffe festhalten, d. h. vor Auswaschung schützen, im Bedarfsfall jedoch pflanzenverfügbar machen und tragen zur Stabilisierung der Bodenstruktur bei.

2.3.3 Die Bedeutung der Regenwürmer für die Humusbildung

Der Regenwurm lebt ausschließlich von verrottenden Pflanzenresten, die er zusammen mit Erdteilen frißt. Er rührt also keine Wurzeln lebender Pflanzen an, wie das immer noch manchmal angenommen wird. In seinem langen Darmkanal, der nach innen eingefaltet ist, um die Oberflä-

che zu vergrößern, wird wertvolle Arbeit geleistet. Das, was für ihn nicht verwertbar ist, wird zerkleinert, aufgeschlossen und vermischt. Mineralische und organische Bestandteile werden durch Schleime und Bakterien fest miteinander verklebt. Die sogenannten Ton-Humus-Komplexe entstehen oft auf diese Weise. Die Nährstoffe aus den pflanzlichen Resten und aus den mineralischen Bestandteilen werden in pflanzenverfügbare Form gebracht und im Kot angereichert. Innerhalb von 24 Stunden frißt der Wurm sein eigenes Gewicht an Pflanzenabfall und Erde. Davon gelangen 85 bis 95 % als Exkremente in den Boden oder in den Komposthaufen zurück.
Versuche ergaben, daß die Zersetzung organischen Materials durch Bakterien, Pilze und andere Streuzersetzer bei Anwesenheit von Regenwürmern ⅕ bis ⅙ schneller war als ohne diese. Bereits im Darm tritt eine starke Mikrobenvermehrung ein, so daß die Kothäufchen organismenreicher sind als alle übrige organische Substanz. Man kann also dem Regenwurm ohne weiteres auch eine Förderung der Mikroorganismentätigkeit zuschreiben.

Die Krümelstruktur, die besonders den Mullhumus auszeichnet, kommt zustande, wenn organische Stoffe, z. B. Humine, mit Tonteilchen im Boden oder im Komposthaufen größere Komplexe bilden. Außerordentlich intensiv werden organische Bestandteile mit mineralischen im Darm der Regenwürmer vermischt und z. T. schon zu Ton-Humus-Komplexen verklebt. In den Kothäufchen der Regenwürmer vermehren sich die Bakterien zunächst sehr stark. Dadurch steigt die stabilisierende Wirkung der mikrobiellen Schleimstoffe, die auch größere Krümel durch Lebendverbauung zusammenhalten.

Neben seiner Bedeutung für die Struktur des Bodens sorgt der Regenwurm auch für die **Nährstoffanreicherung** im Boden.
Regenwurmkot besitzt im Vergleich mit dem umgebenden Boden:
5mal mehr Nitrat
7mal mehr Phosphat
11mal mehr Kalium
2,5mal mehr Magnesium
2mal mehr Kalzium
und ist um ein Vielfaches reicher an Spurenelementen.
Kein Wunder also, daß der mit Hilfe von Regenwürmern entstandene Kompost besonders wertvoll ist und zu außerordentlich hohen Erträgen führt.

Frische Abfälle nehmen die Regenwürmer nicht an, sondern erst *im angerotteten Zustand.* Daher wird im frisch angesetzten Komposthaufen noch kaum ein Regenwurm zu finden sein. Ein reifender Haufen dagegen sollte von Regenwürmern wimmeln. Die Würmer lieben Feuchtigkeit. Wo es zu trocken ist, bleiben sie aus. Bei Fäulnisstellen sorgen sie für deren Beseitigung.
Wenn der Kompost reif ist, finden die Würmer nicht mehr genügend Nahrung und verschwinden.
Was Regenwürmer mit Vorliebe fressen und durch welche Abfälle sie geradezu angelockt werden, wird im Kapitel *Erfahrungsberichte / Der Regenwurmhügel* aufgeführt.

2.4 Welche Bedingungen sind für eine gesunde Rotte notwendig?

2.4.1 Die Mischung des Kompostmaterials

Der häufigste Fehler beim Kompostieren ist die schlechte Mischung bzw. die unausgewogene Zusammensetzung des Ausgangsmaterials. Der Name *Kompost* kommt ja vom lateinischen Wort *Compositum* und bedeutet etwas Zusammengesetztes. Eine Abfallart allein oder im Übermaß führt fast immer zu Mißerfolgen. Stoffe, die tatsächlich in großen Mengen anfallen und gesondert kompostiert werden müssen, brauchen eine besondere Behandlung. Solche *Spezialkomposte* werden noch eigens beschrieben. Hier soll es zunächst um die Normalform, den aus gemischten Garten- und Küchenabfällen gebauten Komposthaufen gehen.
Dabei gilt als Faustregel, daß Feuchtes mit Trockenem, Abgelagertes mit Frischem, Stickstoffreiches mit Stickstoffarmem gemischt wird. Ist das Material insgesamt zu feucht und frisch, klebt die Masse zusammen und beginnt übel zu riechen. Andererseits kommt die Zersetzung kaum in Gang, wenn die Abfälle zu trocken, oder die Anteile an Stroh, Holzschnitt, Papier und Pappe zu hoch sind.

2.4.1.1 Das Kohlenstoff/Stickstoff-Verhältnis (C/N-Verhältnis)

Neben der Feuchtigkeit spielt auch der Stickstoffgehalt für die Mischung eine wichtige Rolle. Er wird durch das Kohlenstoff/Stickstoff-Verhältnis (C/N-Verhältnis) ausgedrückt. Die günstigsten Werte für die Kompostierung liegen zwischen einem C/N-Verhältnis von 30:1 und 25:1, d. h., auf 30 bzw. 25 Anteile Kohlenstoff fällt 1 Anteil Stickstoff. Ist der Kohlenstoffgehalt des Kompostmaterials nun wesentlich höher, wie z. B. beim Weizenstroh (100:1), so verläuft die Zersetzung recht langsam. Der Grund dafür ist leicht einzusehen. Die Bakterien, Pilze und Kleintiere benötigen zum Aufbau ihrer eigenen Körpersubstanz und zu ihrer Vermehrung Stickstoff, der ja Bestandteil aller Eiweißstrukturen ist. Ist dieser Stickstoff nur in ganz geringen Mengen vorhanden, wird auch ihre Vermehrung sehr zögernd voranschreiten, denn sie müssen erst durch viele Lebenszyklen gehen, um den überschüssigen Kohlenstoff abzubauen. Je weniger Mikroorganismen jedoch die Abfälle angreifen, um so langsamer wird auch die Zersetzung ablaufen.

Umgekehrt ist es ebenso ungünstig, wenn zu viele stickstoffreiche Abfälle zusammen kompostiert werden, wenn also das C/N-Verhältnis unter 25:1 liegt. In diesem Fall geht zwar die Zersetzung des Materials sehr schnell vonstatten, es werden aber nur wenig stabile Humusverbindungen aufgebaut, und es kommt zu erheblichen Stickstoffverlusten.

Um bei der Mischung der Abfälle ein günstiges C/N-Verhältnis von 30:1 bis 25:1 zu erreichen, sollte man die C/N-Werte der wichtigsten kompostierbaren Stoffe kennen.

Für den Kompost im Hausgarten wird die folgende Aufstellung genügen:

Abfallart	C/N-Verhältnis	Abfallart	C/N-Verhältnis
Küchenabfall:	12:1 bis 20:1	Holzschnitt:	100:1 bis 150:1
Laub:	30:1 bis 60:1	Rindermist:	20:1
strohreicher Mist:	25:1 bis 30:1	Gemüseabfälle:	13:1
Rasenschnitt:	12:1 bis 25:1	Hühnermist:	13:1 bis 18:1
Papier:	1000:1	Weizenstroh:	100:1
Haferstroh:	60:1	Sägemehl frisch:	100:1 bis 200:1
		alt:	500:1

gemischte Gartenabfälle: 20:1 bis 60:1

Die Abfälle im Hausgarten bilden meist, gut gemischt, hervorragende Ausgangsstoffe, doch ist die Spanne des C/N-Verhältnisses, wie aus der

Aufstellung ersichtlich ist, sehr groß. Frisches, grünes Material ist meist näher am unteren Wert; trockenes, angewelktes, holziges Material dagegen näher am oberen Wert. Bei zuviel feuchten frischen Abfällen ist es ratsam, zerkleinerte Pappe, Zeitungspapier, Stroh oder Holzschnitt unterzumischen, um auszugleichen. Manchmal reicht es auch aus, etwas mehr Erde zwischen die Schichten einzustreuen. Zu trockenes Material braucht eine Zugabe von Gemüseputzabfällen, Rasenschnitt oder ähnlichem. Ist nichts davon vorrätig, überbraust man die trockenen Ausgangsstoffe mit Brennesseljauche.

2.4.1.2 Kompostzuschlagstoffe

Stickstoffträger, wie z. B. Hornmehl, Blutmehl, Oskorna, Guano, getrockneter Rinder- oder Hühnermist, können zugefügt werden, um ein sehr weites C/N-Verhältnis auszugleichen. Ein solch ungünstiges Verhältnis kann bedingt sein durch Kompostieren von größeren Mengen an Stroh, Papier, Pappe und ähnlichen Stoffen. Doch sollte man damit sehr sparsam umgehen. Gut gemischte Garten- und Küchenabfälle enthalten genug Stickstoff und benötigen keinen derartigen Zusatz.
Kalk intensiviert die Rotte und erhöht den pH-Wert. Notwendig ist die Zugabe von Kalk bei der Kompostierung von sehr sauer wirkenden Materialien (z. B. Rinde, Sägemehl, Torf, Eichen-, Kastanien- und Walnußlaub), sofern man diese Komposte nicht gerade für Pflanzen verwenden will, die unbedingt saure Erde benötigen. Im normalen Gartenkompost ist meist der pH-Wert hoch genug, so daß Kalk sehr sparsam verwendet werden soll. Als Richtmaß rechnet man 1 knappes Pfund auf einen Kubikmeter Pflanzenmaterial. Brannt- oder Löschkalk soll wegen der heftigen Reaktion nicht verwendet werden, sondern nur kohlensaurer Kalk, also normaler *Düngekalk* oder *Algenkalk*. Sehr stickstoffreiche Abfälle werden ganz ohne Kalk kompostiert, ansonsten können Stickstoffverluste auftreten. Auch Abfälle vom Sammelhaufen, zwischen die schon viel Kalk gestreut wurde, erhalten beim Kompostieren keinen Kalk mehr.
Gesteins- und Tonmehle dienen zum Binden überschüssiger Feuchtigkeit, reichern den Kompost mit Spurenelementen an, und besonders die Tonmehle (Bentonit) unterstützen die Bildung von Ton-Humus-Komplexen. Der Zusatz dieser Hilfsstoffe kann sehr empfohlen werden.
Reifkompost oder Gartenerde wird deshalb zugefügt, weil alle zur Zersetzung wichtigen Mikroben darin enthalten sind. Sie werden sich

dann im neuen Komposthaufen, bei entsprechend günstigen Bedingungen, weiter vermehren.
Auch **Lehm** (normale, lehmhaltige Gartenerde) leistet als Kompostzusatz gute Dienste. Er sorgt, nachdem er über den Komposthaufen und durch den Regenwurmdarm gegangen ist, für eine besonders gute Struktur des Humus.

2.4.1.3 Zerkleinern der Abfälle

Zerkleinerte Stoffe lassen sich besser mischen und verrotten schneller. Deshalb werden sperrige Abfälle auf etwa 10 bis 20 cm Länge zerkleinert. Dazu gehören lange, harte Stengel von Schnittblumen und Rosen, Tomaten-, Bohnen- und Gurkenkraut sowie andere größere Gemüseabfälle und vor allem Baum-, Strauch- und Heckenschnitt. Gemüse- und Gartenblumenrückstände lassen sich recht gut einfach mit einem scharfen Spaten zerkleinern. Für härtere Stengel und holziges Material bieten sich der Hackklotz und ein Beil an. Gelegentlich reicht sogar die Garten- oder Heckenschere aus, um längere Stücke zu zerkleinern.
Für größere Gärten und größere Mengen an Abfallmaterial ist es sicher vorteilhaft, sich einen Schredder oder Häcksler zuzulegen. Dabei werden ohne viel Kraftaufwand die Ausgangsstoffe in die richtige Größe gebracht und obendrein noch an den Schnittstellen zerfranst. Mikroorganismen haben so sehr viel mehr Angriffsflächen. Gibt man gleichzeitig unterschiedliche Abfälle durch, werden sie schon beim Zerkleinern gemischt und können dann direkt vom Häckselhaufen aus aufgesetzt werden. Im übrigen lassen sich auch eingeweichte Pappkartons und Zeitungen auf diese Weise zerfleddern und leichter unter das andere Material mischen.

2.4.2 Die Feuchtigkeit im Komposthaufen

Wasser im Komposthaufen ist lebenswichtig für viele Bakterien und Pilze. Vermeiden sollte man aber auf jeden Fall Staunässe, weil dadurch akuter Luftmangel entsteht, der zu Fäulnis führt. Durch die richtige Mischung der Ausgangsstoffe wird die Feuchtigkeit im Komposthaufen weitgehend mitbestimmt. Sie soll der eines ausgedrückten Schwammes gleichen. Beim Zusammendrücken tritt zwischen den Fingern kein Wasser heraus, aber dennoch gibt ein solcher Schwamm fühlbare Feuchtigkeit ab. Die *Faustprobe* mit dem Kompostmaterial muß ein ähnliches Ergebnis zeigen:

Zu trocken ist das Material, wenn es nach dem Öffnen der Hand wieder auseinanderfällt. In diesem Fall muß schon beim Bauen und gelegentlich auch später, falls der Haufen austrocknet, Feuchtigkeit zugegeben werden. Man überbraust mit der Gießkanne, am besten mit Regenwasser oder mit Brennesseljauche.
Ist der Kompost zu naß, tritt also Flüssigkeit beim Zusammendrücken des Materials durch die Finger, muß Trockenes zugefügt werden. Außerdem ist es angebracht, an verschiedenen Stellen sperrige Abfälle (Reisigstückchen etc.) einzubauen. Auflockern hilft ebenfalls, damit Flüssigkeit abfließen kann.
Durch Erfahrung lernt man bald, wieviel Feuchtigkeit man trockenen Abfällen zufügen und wieviel Trockenes sehr nassem Material beigemischt werden muß. Als Anfänger sollte man eher etwas zu trocken kompostieren als zu naß. Wassermangel kann später noch sehr leicht ausgeglichen werden. Entsteht aber gleich ein Wasserüberschuß, werden unerwünschte Umsetzungen ausgelöst, Fäulnisbakterien vermehren sich, und die Qualität des erzeugten Kompostes verringert sich, auch wenn später durch Lüftung und Auflockerung wieder eine Rotte entsteht.

2.4.2.1 Der Regenschutz

In niederschlagsreichen Zeiten muß der Kompost vor Regen geschützt werden. Sofern man einen Kasten mit Regendach oder einen anderen Behälter mit Deckel besitzt, ist das keine Schwierigkeit. Bei freien Kom-

Der Regenschutz

posthaufen muß man entscheiden, ob eine Abdeckung mit Stroh, Laub oder Grasschnitt ausreicht, oder ob man eine Plastikfolie überlegt. Entscheidet man sich für letzteres, ist darauf zu achten, daß diese den Komposthaufen nicht luftdicht abschließt. Das erreicht man, wenn man die Folie über in den Komposthaufen hineingesteckte Stäbe hängt und so eine einfache Dachkonstruktion bildet.

2.4.3 Die Luftzirkulation

Auf die Bedeutung des Sauerstoffs für den gesunden Verlauf der Rotte wurde bereits hingewiesen. Er ist lebensnotwendig für die Atmung der Rottebakterien und Pilze. Die Sauerstoffzufuhr wird gewährleistet durch lockeres Bauen. Der Haufen darf also nicht festgetreten werden, wie das gelegentlich noch zu beobachten ist. Es empfiehlt sich sogar, immer wieder mit der Forke oder der Grabgabel in den Haufen einzustechen und die Abfälle aufzulockern, nicht nur während des Bauens, sondern auch später, wenn der Komposthaufen nach der ersten heißen Phase zusammengesunken ist.
Auch die gesicherte Luftzufuhr hängt weitgehend von der *Mischung* des Materials ab. Luftabschließende, geleeartige Schichten bilden sich, wenn zuviel feuchtes frisches Material (z. B. Rasenschnitt, nasser Obstabfall wie Birnenschalen oder sehr feingeriebene, wasserhaltige Rückstände aus der Kartoffel- oder Möhrenschälmaschine) eingebaut werden. Hier muß man durch Einbringen von sperrigem Material (gehäckselter Strauch- oder Heckenschnitt) ausgleichen.
Auch hier ist noch einmal darauf hinzuweisen, daß bei der Kompostierung in Behältern Sauerstoff ungehindert Zutritt haben muß. Beim Kauf von Kompostsilos oder -tonnen muß darauf geachtet werden, daß entsprechende Luftlöcher oder Lüftungsspalten in den Seitenwänden vorhanden sind. Gegebenenfalls sind noch zusätzliche Öffnungen zu schaffen.
In zu großen Komposthaufen kann die Luftzirkulation ebenfalls negativ beeinflußt werden. Besser ist es, zwei oder mehrere kleinere Komposthaufen zu bauen, als einen sehr großen. Mieten oder Walme sollten nach jeweils einem Meter durch dazwischengestellte Holzlatten unterbrochen werden. In sehr großen Mieten oder Walmen werden schon beim Bau Lüftungskanäle eingeplant, indem Pfähle von 9 bis 10 cm Durchmesser im Abstand von je 1 m in den Boden gerammt werden. Beim Kompostbau

wird dieser Platz ausgespart. Später, nachdem die Pfähle aus dem Boden herausgezogen sind, sind die Lüftungskanäle fertig. Doch beim Kompostbau im normalen Hausgarten kommt diese Methode wohl kaum in Frage.

2.4.4 Der richtige Temperaturverlauf

Der Temperaturverlauf ist Sache der Mikroben, die am Werk sind und die Ab- und Umbauvorgänge hervorrufen. In der Anfangsphase laufen durchweg Reaktionen ab, die Energie freisetzen. Innerhalb der ersten zwei Tage nach Fertigstellung des Komposthaufens steigt deshalb die Temperatur zunächst an. Im Innern des Komposthaufens erreicht sie oft 60 bis 70 Grad Celsius. Je nach Beschaffenheit des Ausgangsmaterials erwärmt sich der Haufen mehr oder weniger schnell. 60 Grad sollten mindestens erreicht werden, wenn Krankheitskeime und Unkrautsamen abgetötet werden sollen.

Bei kleinen Komposthaufen, wie sie im Hausgarten die Regel sind und die zudem nicht direkt hintereinander, sondern nach und nach gebaut werden, wird oft eine so hohe Temperatur nicht erreicht. Außerdem ist die Hitzeentwicklung keineswegs überall im Komposthaufen gleichmäßig verteilt. Besonders die randnahen Zonen werden nur wenig wärmer als ihre Umgebung. Bei normalem Abfall aus Küche und Garten ist das nicht weiter schlimm, die Zersetzung dauert dann eben etwas länger. Doch Kompost, der viele kranke Pflanzenteile (Rost, Monilia, Kohlhernie u. a.) und Unkrautsamen enthält, wird nur einwandfrei, wenn die Temperatur zunächst bis zu einer Höhe von 60 Grad ansteigt.

Damit die Temperatur rasch steigt und sich gleichmäßig einige Tage hält, wird der Komposthaufen mit alten Säcken, Pappen, Stroh, ausgedienten Decken u. a. eingepackt. Wenn der Kompost sich gesetzt hat, werden die Wärmehüllen wieder entfernt, damit der Luftzutritt erleichtert ist, der Haufen sich nach und nach abkühlt und die Regenwürmer und andere Streuzersetzer einziehen können.

3 Kompostieren im Garten

3.1 Der Kompostplatz – Das Herz des Gartens

Wenden wir uns nun dem Kompostplatz zu, dem Ort im Garten, von dem die Fruchtbarkeit des Bodens abhängt. Was das Herz für den menschlichen Organismus ist, das soll der Kompostplatz für den Garten sein. Wie das Herz alle Glieder mit frischem Blut versorgt, so wird vom Kompostplatz aus der Gartenboden mit fruchtbarem Humus versorgt.

3.1.1 Anlage des Kompostplatzes

Der **Platz** für die Komposthaufen muß deshalb gut ausgewählt werden. Er darf nicht zu abgelegen sein, sondern man muß ihn bequem erreichen können, auch mit der Schubkarre. Abfälle aus dem Haus und allen Teilen des Gartens sollen ja leicht dorthin gebracht und der fertige Kompost von dort ohne Schwierigkeiten abgefahren werden.
Von Vorteil für die Vorgänge im Komposthaufen ist auch **leichte Beschattung.** Es wird gelegentlich empfohlen, Sträucher um den Komposthaufen zu pflanzen. Am besten geeignet sind dafür Holunderbüsche, die außerdem noch einen günstigen Einfluß auf die Rottevorgänge ausüben. Nicht ratsam ist es allerdings wegen der daraus folgenden starken Durchwurzelung, den Komposthaufen direkt unter Bäumen und Sträuchern aufzusetzen. Zudem bekommt Obstbäumen die unmittelbare Nähe der Komposthaufen nicht sonderlich gut; der Überfluß an Nahrung verzögert den Abschluß des Triebwachstums und macht sie anfällig für Frostschäden und Mehltau.
Wie **groß** soll der Kompostplatz sein? Nun, eine generelle Antwort darauf wird es nicht geben, aber fest steht, daß der Kompostplatz in den meisten Gärten zu klein ist. Auf jeden Fall sollte Raum genug für einen Sammelhaufen und mindestens zwei Komposthaufen vorhanden sein, für größere Gärten entsprechend mehr. Wenn man bedenkt, daß die Fruchtbarkeit des Bodens nicht von der Größe der Nutzfläche, sondern von der Menge an hochwertigem Humus abhängt, sind fünf bis acht Prozent der Gartenfläche nicht zuviel.
Die Komposthaufen werden am günstigsten auf dem **gewachsenen Boden** errichtet. Eine gepflasterte oder betonierte Grundfläche würde den

Regenwürmern und anderen nützlichen Kleintieren den Weg in den verrottenden Haufen versperren. Außerdem könnte sich im unteren Teil des Komposthaufens Flüssigkeit ansammeln und zu Fäulnis führen. Das heißt natürlich nicht, daß die Wege auf dem Kompostplatz ebenfalls ungepflastert sein müssen. Hier erleichtert das Auslegen mit Platten das Sauberhalten.
Ist bereits ein fest betonierter Kompostplatz vorhanden und keine Möglichkeit gegeben, die Komposthaufen anderswo aufzusetzen, so darf das Material nicht direkt auf die Betonfläche aufgeschichtet werden. Für den freien Komposthaufen errichtet man aus Ziegeln einen erhöhten Umriß der Grundfläche und legt darüber einen Bodenrost, auf den die Abfälle aufgebracht werden. Regenwürmer müssen nach Abklingen der heißen Phase eingesetzt werden.

3.1.2 Verschiedene Kompostbehälter

Neben dem frei aufgesetzten Komposthaufen bietet sich in kleinen Gärten die Kompostierung in verschiedenen Behältern an. Sie können aus Holz (Kästen), Maschendraht, Blech oder Ziegeln hergestellt sein. Die Größe richtet sich nach dem anfallenden Material. Brauchbare Maße für einen sehr kleinen Kasten wären 50 Zentimeter in der Länge und Breite und 60 Zentimeter in der Höhe, während für normale Hausgärten Behälter von ungefähr einem Kubikmeter Rauminhalt das gegebene sind.
Wichtig ist bei allen diesen Behältern, daß die Kompostmasse Kontakt mit dem gewachsenen Boden hat. Das heißt also, die Kästen, Silos oder Tonnen dürfen entweder überhaupt keinen Boden haben oder es müssen Löcher bzw. Schlitze vorhanden sein, die das Ein- und Auswandern der Kompostzersetzer sowie die Belüftung vom Boden her ermöglichen. Auch alle vier Seitenwände müssen so mit Löchern oder Spalten versehen sein, daß eine ungehinderte Luftzirkulation garantiert ist.

3.1.3 Der Sammelhaufen

Der Kompostplatz muß auf jeden Fall neben den eigentlichen Komposthaufen Raum für den Sammelhaufen haben. Um beim Kompostbau möglichst vielseitige Abfallstoffe zur Verfügung zu haben, empfiehlt es sich, diese vorher zu sammeln. Damit auch dort keine üblen Gerüche aufkommen und kein Ungeziefer angelockt wird, geht man folgenderma-

Verschiedene Kompostbehälter

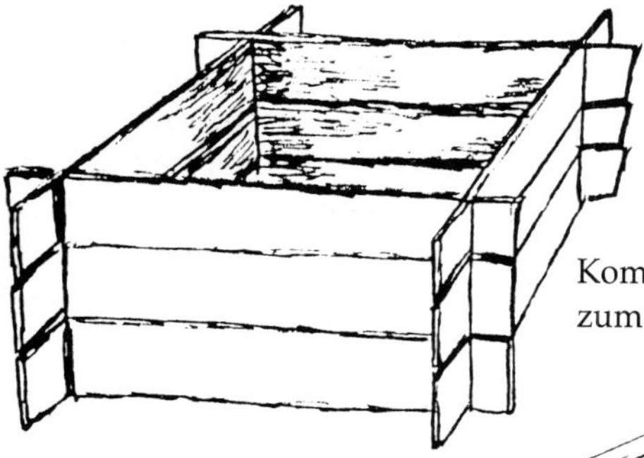

Kompostkasten aus Holzteilen zum Ineinanderstecken

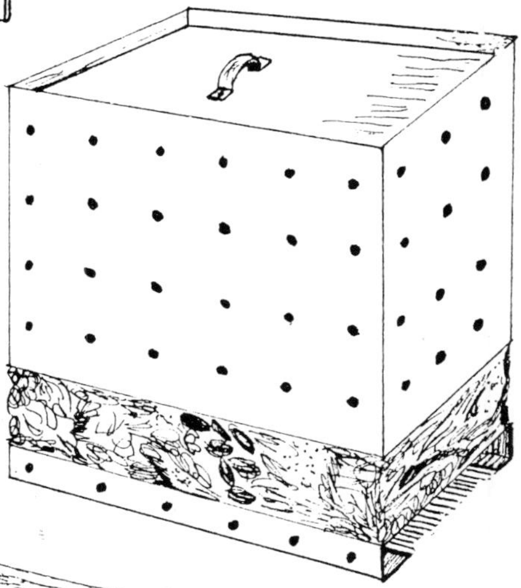

Kompostsilo mit Deckel und Bodenrost

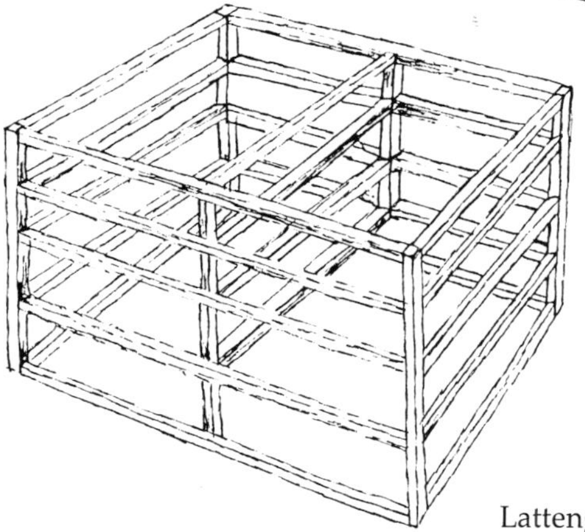

Lattengestell mit Trennwand

ßen vor: Jedesmal wenn der Komposteimer mit Küchenabfällen ausgeleert wird, streut man Erde, Steinmehl und bei angefaulten Obstabfällen auch etwas Kalk dazwischen. Am wichtigsten ist jeweils das Abdecken mit Erde. Gelegentlich lockert man mit der Grabgabel den Sammelhaufen etwas auf. So fangen die Abfälle schon langsam an zu verrotten, ohne daß sich Fäulnis bildet. Hat man genügend Vorrat beisammen und fällt im Garten auch wieder frisches Grün an, wird das Abgelagerte mit Frischem gemischt und als Komposthaufen aufgesetzt.
Auch über Winter sammelt man alle Küchenabfälle auf dem Sammelhaufen und kompostiert sie im Frühjahr zusammen mit frischen Gartenabfällen.
Statt auf dem Haufen können die Abfälle auch in einem *Behälter* gesammelt werden (Kasten, Silo, Tonne), doch gilt auch hier, daß zur Vermeidung von Fäulnis Erde, am besten Komposterde und Steinmehl, auf jede Lage gestreut wird.

3.1.4 Geräte und Werkzeuge zum Kompostbau

An Werkzeugen und Geräten benötigt man zum Kompostbau:
Grabgabel,
Forke,
Schaufel,
Krauel (Karst),
Reisigbesen zum Sauberhalten der Wege,
ein Sortiment verschiedener angespitzter Stöcke,
einige Eimer zum Aufbewahren von Kalk, Steinmehl und Erde,
eine Handschaufel zum Überstäuben der Schichten mit den Zuschlagstoffen,
Spaten,
Hackbeil,
Hackklotz,
Gartenschere zum Zerkleinern größerer Abfälle im kleinen Garten,
einen Hand-Gartenhäcksler für mittelgroße Gärten (Bezugsquelle siehe Firmenverzeichnis),
einen Schredder oder Häcksler für größere Gärten oder Schrebergärtenkolonien,
alte Säcke, Decken, Pappen oder andere geeignete Gegenstände zum Abdecken der Komposthaufen,

ein Thermometer zum Messen der Temperatur, z. B. ein altes Einmachthermometer, Wurfsieb, um eventuelle unzersetzte Reste auszusieben, eine Schubkarre zum Abfahren des reifen Kompostes.

3.2 Aufsetzen des Komposthaufens

3.2.1 Der freie Komposthaufen

3.2.1.1 Der Bau in einem Zug

Zunächst soll hier das Aufschichten eines freien Komposthaufens beschrieben werden. Als Normalgröße nehmen wir den Kubikmeter an, doch können je nach Gartengröße und Abfallmengen auch kleinere oder größere Maße festgesetzt werden.
Beim Bau geht man in folgenden Schritten vor:

1. Zuerst wird die Grundfläche von einem Quadratmeter abgemessen. Die Seitenlinien werden einfach mit einem Stock in den Boden eingeritzt, oder der Grundriß wird durch etwas fein gestreuten Kalk als weiße Linie angedeutet. An die Ecken steckt man zur Markierung jeweils einen Holzpfahl in den Boden. Diese brauchen nicht unbedingt die Höhe des späteren Komposthaufens zu haben, sondern sollen vor allem der Orientierung dienen.

2. Die Grundfläche wird nun aufgelockert. Dabei sticht man mit einer Grabgabel hinein, hebt die Scholle leicht an, bewegt die Grabgabel etwas nach vorn und zurück und zieht sie wieder heraus, ohne den Boden umzuwenden. Ein solcherart aufgelockerter Untergrund erleichtert das Abfließen überschüssiger Flüssigkeit. Andererseits können Regenwürmer, Asseln, Springschwänze, Milben und andere Streuzersetzer leichter in den Komposthaufen einziehen. Zudem ist auch vom Boden her für Belüftung gesorgt.

3. Auf die Grundfläche kann etwas Holzkohle gestreut werden. Sie bindet Gase und unangenehme Gerüche. In den meisten Fällen wird wohl kaum Holzkohle aus dem eigenen Haushalt zur Verfügung stehen. Grillkohle könnte hier eventuell eingesetzt werden, doch man kann diesen Schritt auch ohne Schaden für den Komposthaufen unterlassen.

4. Nun wird die erste Lage aufgeschichtet. Am besten legt man zuunterst gröberes, sperriges Material, z. B. bis auf zirka 20 cm Länge kleingeschnit

tene Äste, Sonnenblumen-, Rosenstengel, Kohlstrünke von gesunden Pflanzen o. ä., je nachdem, was gerade vorhanden ist. Auf diese Weise wird noch zusätzlich eine Belüftung von unten her gesichert. Anschließend wird das gut gemischte und gegebenenfalls zerkleinerte Material etwa 20 cm hoch aufgeschichtet und mit etwa 1 cm Erde oder reifem Kompost bedeckt. Bei Mischungen von nur wenigen Abfallarten sind kleinere Schichten eher angebracht. Je vielseitiger die Mischung ist, um so höher kann eine Lage aufgeschichtet werden. Über die Erdschicht wird nun etwas Gesteinsmehl, Bentonit oder, wenn nötig, ganz sparsam etwas Kalk gestreut. Dabei muß man bedenken, daß ein knappes Pfund Kalk für einen Komposthaufen von einem Kubikmeter ausreicht und dementsprechend einteilen. Baut man den Komposthaufen nach der Schnellkompostmethode, so kann man, wie in Kapitel 4.4.1 näher erläutert wird, auf die Erdschicht den Aktivator *Humofix* sprengen.
Damit die Erde sich besser mit den pflanzlichen Abfällen vermischt, hebt man nun das Kompostmaterial etwas an, damit Erde, Gesteinsmehl und Kalk in die Zwischenräume hineinrieseln können. Natürlich kann das zerkleinerte Kompostmaterial auch vorher mit Erde oder Kompost gemischt werden. Es wird dann gleich locker zur vollen Höhe aufgesetzt. Für den Kleingärtner ist es jedoch einfacher, jeweils eine Schicht mit Erde und anderen Kompostzusätzen zu bestreuen. Somit ist ein Anhaltspunkt für das richtige Mengenverhältnis gegeben. Außerdem sorgt man durch das Anheben des Materials und das Einrieselnlassen der Erde nochmals für Belüftung. Verwendet man Gartenabfälle, denen bereits viel Erde anhaftet, z. B. Unkräuter, dessen Wurzeln nicht ausgeschüttelt wurden, so erübrigt sich natürlich ein Zusatz von Erde oder Reifkompost.
Die Schicht darf keinesfalls festgetreten werden.

5. Auf diese erste Lage folgen nun vier weitere auf die gleiche Weise. Wie bei der ersten Schicht wird jeweils Erde, Gesteinsmehl und Kalk zugefügt. Während des Bauens kann zu trockenes Material gleich mit einer Gießkanne überbraust werden. Besser als Wasser wirkt allerdings verdünnte Brennesseljauche, die außerdem noch die Verrottungsvorgänge im Komposthaufen beschleunigt.

6. Der Komposthaufen soll insgesamt etwa 1 Meter, höchstens 1,20 Meter hoch werden. Das heißt also, im Regelfall werden fünf Schichten übereinander gebaut. Naturgemäß wird sich dabei der Haufen nach oben hin verjüngen. Bereits nach wenigen Tagen wird er sich setzen, d. h., er fällt

fast bis zur Hälfte der ursprünglichen Höhe zusammen. Bei zu hoch gebauten Haufen besteht die Gefahr, daß die Kompostmasse zusammenpappt und nicht genügend Sauerstoff zirkulieren kann.

7. Ist der Komposthaufen fertig gebaut, wird er mit einer etwa fünf Zentimeter starken Erdschicht abgedeckt, die nun nicht mehr zwischen das Material einrieseln soll. Anschließend deckt man mit alten Säcken, Laub, Stroh, ausrangierten Decken, Pappe und gegebenenfalls mit Plastikfolien als Regenschutz ab.

8. Nach 24 Stunden wird die Temperatur kontrolliert. Das geschieht auf einfache Weise mit einem alten Einmachthermometer, das möglichst in ein Loch in der Mitte des Komposthaufens gesteckt wird. Ist die Temperatur über 60 Grad C, besser noch bis 70 Grad C angestiegen, werden Unkrautsamen und Krankheitskeime abgetötet. Nach zwei Tagen werden alle Wärmehüllen entfernt, damit der Komposthaufen sich leichter abkühlt, die Luft unmittelbar Zutritt hat und nach einiger Zeit die Regenwürmer einwandern, um das begonnene Zersetzungswerk weiterzuführen.

9. Zur schnelleren Reifung wird der Komposthaufen nach einigen Monaten umgesetzt. Gelegentlich ist bei hartem und zähem Material noch ein zweites Umschaufeln nötig.

Der Einsatz verschiedener Präparate zur Kompostbeschleunigung kann gerade für Anfänger sehr hilfreich sein. Im Klostergarten der Fuldaer Abtei wird seit Anfang der 50er Jahre erfolgreich mit dem Kräuteraktivator ***Humofix*** gearbeitet. Im Kapitel 4 wird der Bau eines solchen Schnellkomposthaufens geschildert.

3.2.1.2 Der Bau in Etappen

Vorstehend ist der Bau eines Komposthaufens in einem Zug beschrieben. Das ist allerdings nur möglich, wenn genügend Abfälle vorhanden sind. Im kleinen Garten wird es wohl eher so sein, daß trotz Sammelns von Küchenabfällen das Material zusammen mit frisch anfallenden Ernterückständen für einen Komposthaufen nicht ausreicht. Der Bau vollzieht sich dann in Etappen und kann sich über eine, zwei oder mehrere Wochen hinziehen.
Man geht dabei zunächst genauso vor, wie es oben beschrieben ist.

Aufsetzen des Komposthaufens

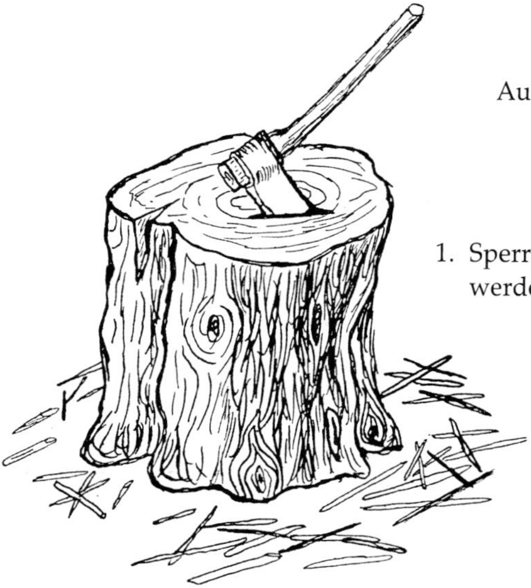

1. Sperrige Abfälle werden zerkleinert

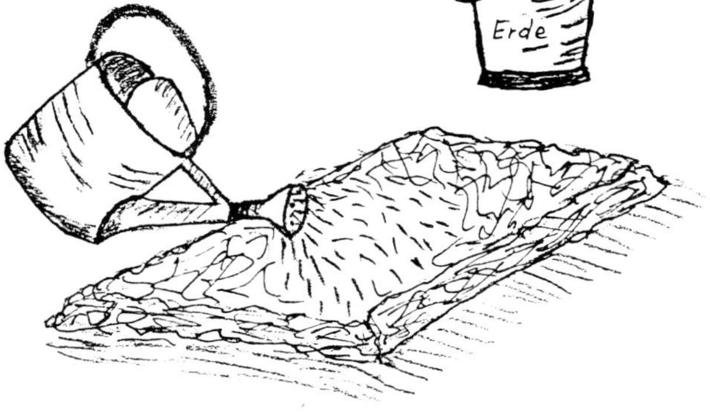

2. Zerkleinerte Abfälle werden:
   - ca. 20 cm hoch aufgeschichtet,
- bei Bedarf befeuchtet,
- mit ca. 1 cm Kompost- oder Gartenerde, etwas Kalk und Steinmehl bestreut
- und – wird nach der Schnellkompostmethode gebaut – mit Humofix aktiviert,
- auf diese Weise werden weitere Schichten übereinander gebaut.

Querschnitt durch den fertigen Komposthaufen
(Höhe 1 m)

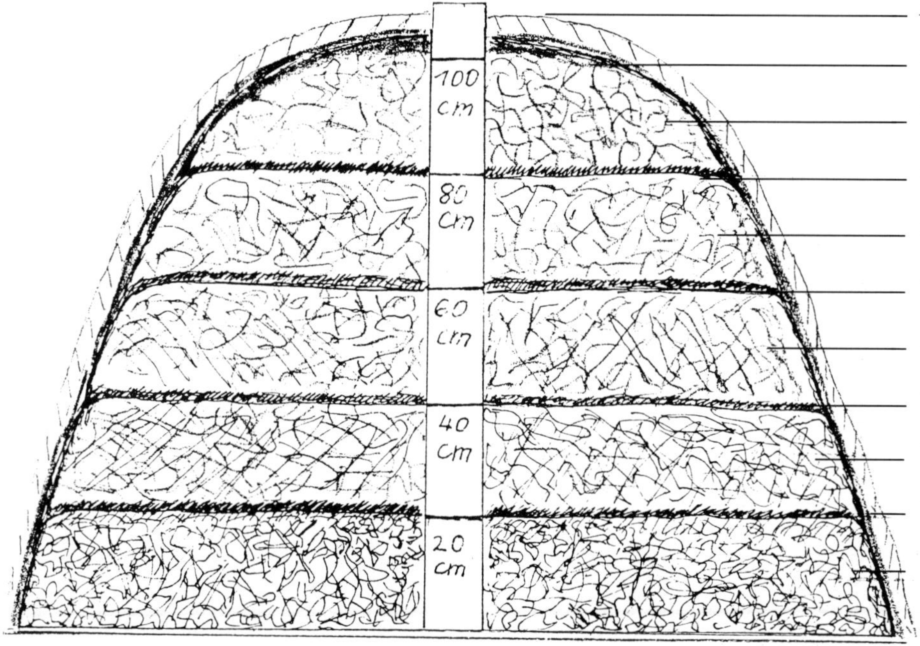

Abdeckung mit Stroh, alten Säcken o. ä.

5 cm starke Erdschicht

5. Schicht (20 cm hoch)

1 cm Erde, etwas Kalk und Steinmehl

4. Schicht (20 cm hoch)

1 cm Erde, etwas Kalk und Steinmehl

3. Schicht (20 cm hoch)

1 cm Erde, etwas Kalk und Steinmehl

2. Schicht (20 cm hoch)

1 cm Erde, etwas Kalk und Steinmehl

1. Schicht zerkleinertes und gemischtes Kompostmaterial

Jedesmal wenn man unterbrechen muß mangels Kompostmaterial oder Zeit, schließt man mit einer Schicht Erde oder Reifkompost ab und deckt den begonnenen Komposthaufen genauso ab wie den fertiggestellten.
Auch schon eine Schicht wird sich erwärmen, allerdings nie so hoch wie ein aus fünf Schichten bestehender, an einem Tag fertiggestellter Komposthaufen. Beim Weiterbau bringt man alle Abfälle auf, die sich in der Zwischenzeit wieder angesammelt haben, und schließt auf die gleiche Weise ab.
Wenn vom Beginn des Bauens bis zur Fertigstellung insgesamt nicht mehr als zwei bis drei Wochen vergehen, reift der Kompost noch relativ gleichmäßig. Muß man noch länger unterbrechen, sind naturgemäß die unteren Schichten im Verrottungsprozeß schon weiter als die oberen. Bei dieser Art des Bauens sollte man sich darüber klar sein, daß eventuelle Unkrautsamen nicht vernichtet werden.

3.2.2 Der Komposthaufen in Kasten, Silo oder Tonne

Für den kleinen Garten ist diese Art des Kompostbaus sicher vorteilhafter als der freie Komposthaufen. Ein Kasten ist leicht selbst herzustellen. Es werden an vier fest eingerammten Pfosten Bretter oder Schwarten mit jeweils mindestens 2 cm Zwischenraum als Lüftungsspalt genagelt. An der vorderen Seite werden die Bretter nicht angenagelt, sondern nur lose eingehängt, damit sie zur Entnahme des fertigen Kompostes leicht entfernt werden können. Das Holz für den Kompostkasten darf aber mit keinerlei chemischen Imprägnierungsmitteln behandelt werden. Die Kleinlebewesen, die die Verrottung bewerkstelligen sollen, werden sonst vertrieben oder gar abgetötet. Zum Schutz des Holzes kann allenfalls reines Motorenöl verwendet werden, oder man besorgt sich die im Handel angebotenen biologischen Holzschutzmittel. Auch wer fertige Kompostkästen kauft, sollte unbedingt darauf achten, daß sie nicht mit schädlichen Mitteln behandelt sind.
Die *Vorteile* des **Kompostbaus im Behälter** sind: Er hält besser die Wärme, und sein Dach oder Deckel schützt vor Nässe. In ihm verrotten auch die äußeren und seitlich liegenden Abfälle gleichmäßiger, die beim freien Komposthaufen oft unverrottet bleiben.
Als *Nachteil* muß vermerkt werden, daß der Rottevorgang schwerer zu überwachen ist. Gelegentlich sollte man von oben Löcher in den rottenden Kompost bohren und alles etwas auflockern.

Das *Einschichten* des Materials geschieht auf die gleiche Weise wie beim freien Komposthaufen. Auch hier liegt die unterste Schicht auf dem Gartenboden, nicht auf Beton oder Steinpflaster.
Dasselbe gilt natürlich auch für alle anderen Behälter, die benutzt werden können. Neben der **Tonne** – die man sich übrigens auch selbst herstellen kann, indem man aus einer alten Blechtonne den Boden entfernt und in die Wandung Löcher im Abstand von 10 bis 12 cm bohrt – sind **Drahtsilos,** die häufig zum Aufbewahren von Herbstlaub dienen, recht brauchbar. Damit die äußeren Schichten nicht so leicht austrocknen, kann man eine Folie um das Drahtgestell spannen, die jedoch mit genügend Luftlöchern versehen sein muß.
Weder beim freien Komposthaufen noch beim Behälter sollte in niederschlagsreichen Gegenden der Regenschutz fehlen. Allerdings muß gerade in Behälter bisweilen der Regen freien Zugang haben, um das Austrocknen zu verhindern.
Zur schnelleren Reifung ist ebenfalls ein Umschichten des Kompostmaterials von einem Behälter in einen anderen erforderlich.

3.3 Gemeinschaftskompostierung

Kleingärtner, die keinen geeigneten Platz für den Komposthaufen im eigenen Garten finden, könnten Möglichkeiten zur *Gemeinschaftskompostierung* auf benachbarten Grundstücken prüfen. Auf diese Weise fiele sicherlich genügend Material an, um auch größere Komposthaufen oder Mieten schnell und sachgerecht aufzusetzen. Zudem böte sich der Vorteil eines ständigen Erfahrungsaustausches. Voraussetzung für eine solche Möglichkeit ist natürlich gutes Einvernehmen mit den Nachbarn und eine Übereinstimmung hinsichtlich der Wertung der Kompostierung sowie der praktischen Durchführung.
Vor allem in Kleingartenkolonien könnte die Gemeinschaftskompostierung ein Weg zur optimalen Nutzung der Gartenabfälle sein. Auf einer leeren Parzelle ließe sich von aktiven Mitgliedern ein regelrechter Kompostbetrieb organisieren.

3.4 Reife des Kompostes

Hatte ein Komposthaufen eine hohe Anfangstemperatur erreicht und war nach Abklingen der heißen Phase das Kompostmaterial von Schimmelpilzen durchzogen, so kann man in Ruhe abwarten, denn eine gesunde Rotte ist eingeleitet, und es ist nur eine Frage der Zeit, wann das Reifestadium erreicht ist. Es hängt von vielerlei Faktoren ab, z. B. von der Beschaffenheit des Materials und der Witterung.
War allerdings keine Verpilzung des Materials festzustellen, kann es sein, daß sich Fäulnisstellen gebildet haben, die die Reifung des Kompostes stark behindern. In diesem Fall ist ein Umsetzen und Belüften des Haufens unbedingt nötig, wobei die Fäulnisbakterien durch die so entstehende Übermacht der aeroben Bakterien unterdrückt werden.
Zur schnelleren Reifung wird auch der normale Komposthaufen nach einigen Monaten umgesetzt.
Kennzeichen eines reifen Komposts ist erdiger Geruch und krümelige Struktur, Fehlen von Pflanzenresten und Fasern. Junge, unreife Komposte riechen z. T. noch nach Ammoniak und pilzig.

3.4.1 Der Kressetest

Soll der Kompost für Aussaat- und Pikiererde verwendet werden, muß er gut ausgereift sein, weil sonst die zarten Keimlinge Schaden leiden könnten. Nun gibt es ein sehr einfaches Verfahren, um festzustellen, ob der Kompost das Reifestadium erreicht hat: den Kressetest. Kresse reagiert äußerst empfindlich auf kleinste Mengen von Schadstoffen und auf Substanzen, die in unreifem Kompost vorkommen. Außerdem keimt Kresse sehr schnell und zuverlässig, so daß man nur 5 bis 7 Tage für den Versuch ansetzen muß. Man füllt am besten reinen Kompost in eine flache Schale oder ein entsprechendes anderes Aussaatgefäß, z. B. einen Blumentopf. Die vorgesehene Menge an Kressesamen wird nun dicht in den Kompost hineingesät und angedrückt. Wenn die Samen Kontakt zur Aussaaterde haben, ist es nicht nötig, sie zu bedecken. Der Kompost muß feucht gehalten werden. Nach 2 bis 3 Tagen soll die Saat gut und vollständig aufgelaufen sein (ein geringer Prozentsatz nicht keimfähiger Samen in einer Partie ist jedoch zu berücksichtigen). Nach 7 Tagen müssen die Blätter immer noch grün sein, und die Wurzeln dürfen sich nicht braun oder violett verfärbt haben, sondern sollen weiß

sein. Wird die Kresse gelb und verfärben sich die Wurzeln, ist der Kompost noch nicht ausgereift.
Ein reifer oder reifender Komposthaufen kann auch im Ganzen mit Kresse besät werden. Sie beschattet und schützt die Komposterde, solange sie noch nicht gebraucht wird. Wird sie zu groß, knickt man sie einfach ab, oder zieht sie heraus und läßt sie auf dem Komposthaufen liegen, bis dieser verwendet wird.

Auch die verbreitete Methode, Kürbis um den Komposthaufen zu pflanzen, ist sehr zu empfehlen. Durch die großen Blätter und Ranken wird der Komposthaufen auf natürliche Weise geschützt, bleibt feucht und locker, und außerdem werden durch die absterbenden Kürbisreste Regenwürmer angelockt.

4 Die Schnellkompostmethode nach M. E. Bruce

4.1 Erfahrungsbericht aus dem Fuldaer Abteigarten

Am Anfang des biologischen Gartenbaus der Abtei und der damit verbundenen Öffentlichkeitsarbeit stand die Entdeckung der Schnellkompostmethode. Wie wir nun mit dieser Art, Kompost zu bauen, bekannt wurden und die ersten Erfolge erzielten, soll an dieser Stelle kurz geschildert werden.
Es begann damit, daß unsere Schwester Laurentia Dombrowski († 1979) bei der Übersetzung einer Jahreschronik aus der englischen Abtei Stanbrook von Versuchen erfuhr, die im dortigen Klostergarten mit einem Kräuterpulver unternommen wurden. Dieses Pulver sollte – so hieß es – bewirken, daß sich alle Gartenabfälle in unglaublich kurzer Zeit in gute Komposterde umwandelten. Schwester Laurentia begriff intuitiv, daß mit solchem Schnellkompost die klostereigenen Gärten schnell und billig zu hoher Fruchtbarkeit gebracht werden könnten. Sie ließ also das *Wunderpulver,* den Kräuteraktivator, den die Engländerin Maye E. Bruce entwickelt hatte, kommen.
Aus den vorhandenen Grünabfällen, welken Blumen und Küchenabfällen wurde der erste Komposthaufen nach dieser Methode gebaut und vorschriftsmäßig aktiviert. Ein altes Einmachthermometer wurde in das Erstlingswerk gesteckt. Wie eine kleine Fahne trug es ein Kartonschild mit dem Datum der Aktivierung. Es war der 26. Mai, kurz nach Pfingsten. Nach vier Wochen sollte so ein Haufen im Frühjahr ja schon fertig sein. Man wartete also mit Spannung. Vorsichtshalber ließ man noch eine weitere Woche verstreichen.
Dann, fünf Wochen nach dem Bau des Komposthaufens, erlebten alle, die sich dafür interessierten, die aufregende Überraschung: Wunderbarer, wie Walderde duftender Humus!
Dieser Erfolg gab natürlich Mut zum Weitermachen. Ein reger Briefwechsel mit der englischen Abtei und der Erfinderin des Pulvers, Miss Bruce, führte zu dem Ergebnis, daß die Schwestern bald selbst das Kräuterpulver herstellen konnten, zunächst für den eigenen Bedarf, bald aber auch zum Weiterverkauf.
Es ist bezeichnend, daß benediktinische Mitschwestern uns diese Kompostmethode vermittelten, denn gerade die Urbarmachung und Gesunderhaltung der uns vom Schöpfer anvertrauten Erde war stets ein Anliegen der Benediktiner.

4.2 Die Entwicklung der Schnellkompostmethode

Die Schnellkompostmethode unterscheidet sich von der herkömmlichen Art, Kompost zu bauen, durch die Anwendung eines Kräuterpulvers, das eine erstaunlich rasche Umsetzung der Gartenabfälle bewirkt. In England ist es unter der Bezeichnung *Quick-Return-Pulver* bekannt, in Deutschland wird es unter dem warenzeichenrechtlich geschützten Namen ***Humofix®*** hergestellt und vertrieben.

Welche Kräuter und welche Konzentrationen nötig sind, um die Rotte dermaßen zu beschleunigen, fand **die Engländerin Maye E. Bruce († 1964)** in langen mühsamen Versuchen heraus. Mehr noch, sie entwickelte ihr Verfahren zu einer Methode, die jeder nachahmen kann. Einige Meilensteine auf diesem Weg möchten wir Ihnen nennen.

Da war zunächst ein Garten, ein großer, verlassener Garten auf der höchsten Erhebung der Cotswold Hills, dessen Bewirtschaftung Miss Bruce in Angriff nahm. Er gehörte zu einem vernachlässigten Gut, in dessen Hof noch reichlich Mist lag. Solange nun dieser Mist vorhielt, ging es dem Garten gut. Aber dann war eines Tages kein Mist mehr aufzutreiben, und die Fruchtbarkeit ging zurück. Den Einsatz von Mineraldüngern lehnte Miss Bruce instinktiv ab, doch eine Alternative sah sie noch nicht. Da hörte sie von den Methoden Rudolf Steiners und der Anthroposophischen Gesellschaft für Landwirtschaft. Sie schloß sich dieser Gesellschaft an und lernte, daß sie durch Humusgaben ihr Land fruchtbar erhalten könne und daß es Kräuter gibt, die zur Bereitung des Komposts vorzügliche Dienste leisten. Und sie konnte sich im eigenen Garten von der Güte des so erzeugten Kompostes überzeugen.

Doch im Laufe der Zeit stellte sie fest, daß überall im Land, ja überall in der Welt dringender Bedarf an Kompost war. Sie sah auch, daß Millionen von Kleinbauern, Schrebergartenbesitzern und Gärtnern ihn am nötigsten brauchten. Die biologisch-dynamische Methode schien ihr für die Arbeit der Kleingärtner zu kompliziert. Die Herstellung der Präparate, die als Aktivator dienten, war geheim. Außerdem konnten nur Mitglieder der Anthroposophischen Gesellschaft diese Präparate erwerben. Miss Bruce war aber überzeugt, daß es einen einfacheren Weg geben müsse, der zum gleichen Ziel führte, nämlich zur Herstellung guten Kompostes.

So trennte sie sich wieder von der Gesellschaft. Sie stand zwar zu ihrer gegebenen Schweigepflicht über die Zubereitung der Präparate, sagte aber ihrem Lehrmeister offen, sie werde nun eigene Versuche mit den Kräutern anstellen, um zu einem gleichen Ergebnis zu kommen.

Noch am gleichen Tag begann sie damit und stellte sich Auszüge der bekannten Kräuter her. Die Schwierigkeit bestand nun darin, die richtige Dosis herauszufinden.
So füllte sie einige Einmachgläser mit Grasschnitt, zerhacktem Unkraut, Brennesseln und Gemüseabfällen und behandelte sie mit den Kräuterauszügen in folgenden Konzentrationen: 1:10; 1:30; 1:60; 1:100 und dann – intuitiv – 1:10 000.
Sie wiederholte den Versuch, um ganz sicher zu gehen. Doch bereits nach vierzehn Tagen stand fest, daß die homöopathische Dosis von 1:10 000 das weitaus beste Ergebnis zeigte. Der Inhalt dieses Glases war nach vierzehn Tagen fast vollständig zu Kompost geworden, während die Versuchsgläser mit Konzentrationen von 1:10 und 1:30 noch fast so grün dastanden wie zu Anfang.

Was die Gläser gezeigt hatten, wurde anschließend an Komposthaufen erprobt. Wieder war der mit homöopathischer Dosis aktivierte Kompost erstaunlich schnell reif und gebrauchsfertig, lange vor solchen mit höheren Konzentrationen. Miss Bruce genügte aber auch das noch nicht. Sie wollte sicher sein, daß **ihr** Kompost ebenso gut war, wie der nach dem biologisch-dynamischen Verfahren hergestellte. So baute sie zwei gleiche Komposthaufen, behandelte den einen mit den Steinerschen Präparaten, den anderen mit ihren Pflanzenauszügen und sandte von jedem eine Probe zur Bodenanalyse ein. Das Ergebnis lautete: Kein Unterschied im Dungwert.
Das genügte ihr. Sie war eine Frau der Praxis und Erfahrung. Die Komposthaufen selbst, so schrieb sie, gaben ihr von nun an die wertvollsten Lehren. In unermüdlicher Arbeit gelang es ihr, die Anwendung der Kräuterauszüge noch weiter zu vereinfachen, ja zu einer regelrechten Methode auszuarbeiten. Schließlich fand sie sogar heraus, daß auch getrocknete und zu Pulver verarbeitete Kräuter zur Herstellung der Aktivatorlösung verwendet werden können, ebenfalls mit gutem Erfolg. Damit war ein weiterer Schritt zur Vereinfachung und weiteren Verbreitung des Verfahrens getan, denn nun war man zur Gewinnung des Aktivators nicht mehr auf die frischen Pflanzen angewiesen, sondern konnte zur jeweiligen Blütezeit größere Mengen davon sammeln, trocknen und dann bei Bedarf im Komposthaufen einsetzen.

Bis ins hohe Alter hinein war Miss Bruce an ihren Komposthaufen tätig, und es war für sie immer wieder ein Erlebnis, wenn sie einen Haufen, den sie vier, sechs oder acht Wochen vorher mit Abfällen gefüllt hatte, voll

schöner Humuserde vorfand. Ihr Garten dankte es ihr. Mit reinem Pflanzenkompost erzielte sie großartige Ernten, und, was noch mehr zählte: Ihr Gemüse war gesund und so schmackhaft, daß kein gekauftes Produkt da heranreichte.
Ihr feines Einfühlungsvermögen in die Kräfte der Natur befähigten sie, vielen Menschen einen Weg zur Fruchtbarmachung ihrer Gartenböden zu erschließen. In ihrem Buch: „Gartenglück durch Schnellkompost", dem wir als Quelle verschiedene Daten entnahmen, schilderte sie anschaulich und lebendig, wie sie nach vielen Mühen zum Erfolg durchstieß.

4.3 Das Kräuterpulver – Quick Return/Humofix®

Im Gegensatz zu solchen Kompoststartern, die aus Bakterienkulturen bestehen, verwendete Miss Bruce für ihre Versuche Kräuter. Sie werden in der Vollkraft ihrer Blüte geerntet und bewirken – in homöopathischer Dosis eingesetzt –, daß sich die Rottebakterien und Pilze außerordentlich schnell vermehren und so den Zerfall des Pflanzengewebes entscheidend beschleunigen, die Verrottung in eine gesunde Richtung lenken und schließlich Regenwürmer anlocken und fördern, die die weitere Zersetzungsarbeit übernehmen.
Wie bereits erwähnt, experimentierte Miss Bruce mit den gleichen Kräutern, die auch in der biologisch-dynamischen Wirtschaftsweise erfolgreich als Kompostpräparate eingesetzt werden, nämlich: Baldrian, Brennessel, Kamille, Löwenzahn und Schafgarbe. Die Kräuter werden zur jeweiligen Blütezeit gesammelt, schonend getrocknet, feinst vermahlen und gemischt. Hinzugefügt wird noch pulverisierte Eichenrinde, und alles zusammen wird mit Milchzucker und Honig zu einem feinen, süßlich riechenden Pulver verarbeitet.
Nach diesem Grundrezept wird seit 1953 das Pulver in der Abtei Fulda hergestellt und unter dem warenzeichenrechtlich geschützten Namen ***Humofix***® vertrieben. Das Herstellungsverfahren wurde inzwischen weiterentwickelt und die Anwendung vereinfacht.
Zur Aktivierung eines Komposthaufens von einem Kubikmeter nimmt man soviel Pulver, wie auf ein Zehnpfennigstück gehäuft werden kann. Die Menge, sie entspricht etwa einem knappen Teelöffel, setzt man in einer Flasche mit einem halben Liter Regenwasser an. In dieser geringen Menge sind alle sieben Bestandteile des Pulvers wirksam. Nach dem Einfüllen des Pulvers schüttelt man die Flasche gut durch, damit sich die

winzigen Partikel verteilen, und läßt das Ganze 24 Stunden stehen. Danach schüttelt man nochmals. Blasen und Schaumbildung an der Oberfläche weisen nun darauf hin, daß die Lösung bzw. die Aufschwemmung, denn aufgelöst werden ja die Bestandteile des Pulvers nicht, schon arbeitet. Jetzt ist der Aktivator gebrauchsfertig. Riecht man daran, kann man ein feines, süßliches Aroma feststellen.
Die angesetzte Flüssigkeit hält sich je nach Jahreszeit und Temperatur zwei bis drei Wochen; riecht sie sauer, hat sie ihre Wirkung als Kompostaktivator verloren, kann aber noch mit gutem Erfolg zum Blumengießen und zum Angießen von Saaten verwendet werden.

Nun könnte man sich sicher fragen: Warum plagt man sich mit dem Pulver und noch dazu in so geringer Dosis? Warum baut man nicht einfach Nesseln, Schafgarbe, Löwenzahn und die anderen Kräuter schichtweise in den Kompost ein, damit sie ihre Kraft entfalten können?
Die Antwort gibt die Praxis des Kompostbaus selbst. Natürlich gibt es hervorragenden Kompost, wenn Brennesseln, Löwenzahn und andere frische Kräuter mit eingebaut werden. Aber ungezählte Versuche haben erwiesen, daß die Wirkung des Aktivators eben von der homöopathischen Dosis abhängt. Auch Maye E. Bruce weiß dafür keine *wissenschaftliche* Erklärung. *„Alles, was ich weiß"*, schreibt sie, *„ist, daß diese winzige Kräuterdosis die Komposthaufen ohne jedes Umschaufeln störungslos reifen läßt, sie belebt und bereichert, und daß ich im Laufe langjähriger ununterbrochener Erfahrungen niemals ein Versagen erlebt habe."*
Noch ein anderes Erlebnis bestärkte Miss Bruce in ihrer Überzeugung, daß die Wirksamkeit des Kräuteraktivators sich in jedem Komposthaufen bewährt. Doch lassen wir sie dazu selber zu Wort kommen:

Ich ersehnte einen Beweis von außerhalb, irgendeine günstige Gelegenheit, die den Wert meiner Lösungen außer Zweifel stellen würde, und mein Wunsch erfüllte sich auf zweifache Art. Ich verließ mein Heim für zwei Wochen für eine Ferienreise. Ehe ich abfuhr, baute ich einen Komposthaufen, von dem ich einen Fehlschlag befürchtete. Er bestand hauptsächlich aus Rasenschnitt, der in Mengen vorhanden war. Ich hatte ihn mit 25 % trockenen Blättern und Erde zu einem Komposthaufen geschichtet. Drei Wochen hatte ich daran gebaut. Aus Neugier öffnete ich ihn, ehe ich aktivierte, er roch schlecht. Trotzdem goß ich die Lösungen ein, und, Schlimmes befürchtend, überließ ich ihn seinem Schicksal.
Auf meiner Reise besuchte ich eine Kompost-Enthusiastin, die mich geradewegs zu einem neuen Haufen führte, den ich mir ansehen sollte. Er war drei Wochen zuvor (es war im August) aktiviert worden und war noch nicht ganz vererdet, begann

aber bröckelig zu werden und roch süßlich. „Bitte", sagte meine Gastgeberin, „kommen Sie und öffnen Sie **diesen** *Komposthaufen. Er wurde Anfang Juni aktiviert und müßte vollkommen fertig sein." Ich fuhr mit der Schaufel hinein – er stank zum Himmel nach fauligem Kohl! Schrecklich! Er sah schleimig, grün und gelb aus. Ich rief sofort aus: „Dieser Haufen ist nicht aktiviert worden!"*
„Doch, der wurde aktiviert", sagte meine Bekannte, entsetzt sowohl über den Anblick als auch über den Geruch. Sie rief ihren Gärtner. „Turner, haben Sie diesen Haufen nicht aktiviert?"
In seinem gedehnten Dialekt antwortete er: „Nein, diesen Haufen habe ich nicht aktiviert, den habe ich nicht angerührt." Und nach weiteren Nachforschungen bestätigte sich, daß er nicht behandelt worden war.
Das war mein erster zufälliger Beweis von außerhalb. Den zweiten erlebte ich bei meiner Heimkehr. Ich ging sofort zu dem Graskompost, den ich drei Wochen vorher als schleimige grüne Masse verlassen hatte. Und siehe da, meine Hand fuhr in bröckeligen, süßlichen Humus, besser als je zuvor.
Das war überzeugend. Von diesem Tag an wurde mein Vertrauen in die Aktivatorlösungen nicht mehr erschüttert.

4.4 Der Bau eines Schnellkomposthaufens

Grundsätzlich unterscheidet sich der Bau eines Schnellkomposthaufens vom schon beschriebenen Gartenkompost nur durch die Anwendung des Aktivators. Das fertige Kräuterpulver ist als ***Humofix®*** in 1,2-Gramm-Tütchen erhältlich. Für einen kubikmetergroßen Komposthaufen setzt man die Hälfte eines Päckchens in einem halben Liter Regenwasser an, schüttelt gut durch und läßt die Flüssigkeit in einer geschlossenen Flasche 24 Stunden stehen. Danach kann sie zum Impfen des Komposthaufens benutzt werden. Als vorteilhaft hat es sich erwiesen, die Flasche mit der Aktivatorlösung zu markieren, um etwa vier gleichgroße Teile zu erhalten. Man zeichnet mit einem wasserfesten Stift drei deutlich sichtbare schwarze Striche außen an die Flasche. Bei jedem Aktivieren leert man die Flasche bis zum nächsten Teilstrich.
Das Aktivieren kann auf zwei verschiedene Weisen vorgenommen werden.

4.4.1 Waagerechtes Aktivieren

Diese Art des Aktivierens empfiehlt sich, wenn der Komposthaufen schnell hintereinander, entweder an einem Tag oder zumindest in einer Woche fertiggestellt wird.

Man beginnt, wie bereits beschrieben, auf die abgemessene Grundfläche in einen Kasten oder Silo das gemischte Material aufzuschichten. Nach einer Lage von 20 cm wird auch hier etwa 1 cm gute Gartenerde oder Kompost eingestreut, der man nach Belieben etwas Steinmehl und Tonmehl zusetzen kann. Glaubt man Kalk zu benötigen, so wird dieser ebenfalls hier, dünn wie Puderzucker, über die Erdschicht verteilt. Hierüber sprengt man nun den vierten Teil der für einen Kubikmeter angesetzten, nochmals gut durchgeschüttelten Aktivatorlösung. Um möglichst kleine Tröpfchen zu erreichen, kann man den Finger in die Öffnung der Flasche stecken und durch mehr oder weniger festes Verschließen und gleichzeitiges Schütteln die Flüssigkeit recht gleichmäßig über die Schicht verteilen. Natürlich kann die Flasche auch einfach mit einem durchlöcherten Verschluß versehen werden, durch den man wie mit einem Wäschesprenger die Schicht besprengt.
Das wiederholt sich nun viermal.

Die fünfte und letzte Schicht wird mit ca. 5 cm Erde abgedeckt. Sie erhält keinen Kalk und keine Aktivatorflüssigkeit.
Muß man das Bauen unterbrechen (möglichst nicht länger als eine Woche, jedenfalls soll sich der Komposthaufen noch warm anfühlen, wenn man weiterbaut), so hört man jeweils mit der Erdschicht auf, ohne zu sprengen. Der Weiterbau beginnt dann mit dem Aktivieren.
Während der Unterbrechung muß der Komposthaufen mit alten Säcken oder Strohmatten abgedeckt werden, damit sich die Wärme bis zum Weiterbau hält. Bei reichlichen Niederschlägen ist außerdem ein Regenschutz nötig.

Der fertige Komposthaufen muß nun ebenfalls gut eingepackt werden, damit die Wärme steigt und gehalten wird. Beim frei angelegten Komposthaufen kann man als Wärmeschutz von Pfosten zu Pfosten nochmals je zwei Stöcke kreuzweise befestigen und dahinter Stroh, Papier oder Pappe stopfen, wobei die Pappe, um den Luftzutritt zu ermöglichen, an mehreren Stellen mit einem spitzen Stock durchstoßen werden muß. Auf diese Weise wird auch die Temperatur an den Seiten hoch genug ansteigen. Bewährt hat sich ein solcher Wärmeschutz vor allem bei Herbstkompost-

Waagerechtes Aktivieren

haufen, die wegen der kalten Nächte schnell abkühlen bzw. gar nicht mehr heiß werden.
Die **Reifedauer** hängt von der Jahreszeit ab. Am schnellsten verrottet der Komposthaufen im Mai/Juni; da kann man binnen vier Wochen schon reifen Humus haben. Je weiter das Jahr vorrückt, desto langsamer verläuft die Verrottung. Ein Sommerkomposthaufen braucht sechs bis acht Wochen, ein Herbsthaufen acht bis zwölf Wochen und ein Komposthaufen, der noch im Spätherbst bzw. Winter angelegt wird, ruht unverändert, bis der erwachende Frühling die Erde wieder zum Leben erweckt.

4.4.2 Senkrechtes Aktivieren

Kann man aus Zeitmangel oder Mangel an geeignetem Material den Komposthaufen nicht hintereinander bauen, so hilft man sich mit dieser Form der Aktivierung. Gebaut wird, wie oben beschrieben, aber ohne zu aktivieren. Man schließt jedesmal eine Schicht mit etwas Erde ab, bedeckt sie mit Säcken oder anderem Material und baut dann weiter, wenn wieder genügend Garten- und Küchenabfälle vorhanden sind. Doch gilt auch hier, daß man so schnell wie möglich bauen soll. Mehr als ein Monat soll nicht zwischen dem Beginn und der Fertigstellung des Komposthaufens liegen, weil sonst die Schichten im Rotteprozeß unterschiedlich weit fortgeschritten sind.
Hat nun der Komposthaufen die fünfte und letzte Schicht bekommen, so bohrt man in Abständen von ca. 30 bis 40 Zentimetern in versetzter Anordnung mit einem spitzen Stock fünf Kanäle in den Haufen. Die untersten zehn Zentimeter bleiben dabei undurchstochen. Dann teilt man die zuvor nochmals gut durchgeschüttelte Aktivatorlösung in fünf Teile und gießt sie in die fünf Öffnungen. Damit sie von den Seiten aufgefangen wird, gießt man in kreisenden Bewegungen an den Rändern entlang. Günstig erwies es sich auch, den Aktivator mit einem Eßlöffel in die fünf Kanäle zu verteilen. Ein halber Liter ergibt ca. 36 Eßlöffel.
Anschließend füllt man lockere Erde in die Löcher nach, damit die sich bildende Wärme nicht entweicht, und deckt mit entsprechenden wärmenden Materialien ab.
Aktivieren sollte man, sobald der Komposthaufen fertig gebaut ist. Alte Komposthaufen, oder solche, die schon halb verrottet sind, werden durch späteres Aktivieren nicht mehr zum Schnellzerfall gebracht.

Senkrechtes Aktivieren

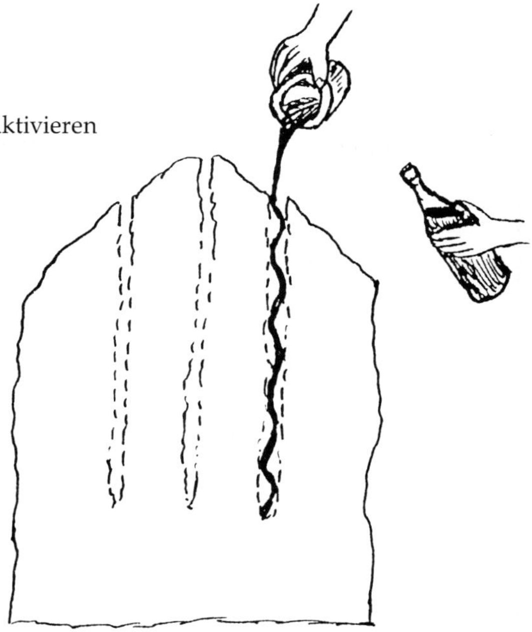

4.5 Vorteile der Schnellkompostmethode

Drei große Vorzüge des Verfahrens liegen auf der Hand:

1. Der Kompost verrottet erstaunlich schnell.
2. Der Kompost bedarf keines Umschaufelns.
3. Der Aktivator kann von jedem, der die nötigen Pflanzen kennt sowie Zeit und Gelegenheit hat, selbst hergestellt werden.

Der wichtigste Vorteil dieser Methode liegt in der kurzen Rottezeit der Komposthaufen. Hand in Hand damit verläuft die Einleitung einer gesunden Rotte. Die Anfangstemperatur wird mit dem Kräuteraktivator

sicherer und schneller erreicht. Rottebakterien, Pilze und Regenwürmer werden gefördert.
Der Kompostplatz beansprucht dadurch weniger Platz, denn ein Haufen braucht nun nicht mehr drei Jahre lang liegenzubleiben. Trotzdem wird das Land ausreichend mit gutem Kompost versorgt. Dieser Aspekt fällt vor allem in kleinen Gärten ins Gewicht.
Bedenkt man, daß jeder Boden, sei er noch so schlecht, durch Kompostgaben mit der Zeit dauerhaft verbessert wird, so ist gerade diese Kompostierungsmethode, die in kurzer Zeit große Mengen an fruchtbarem Humus bereitstellt, von großem Wert. Feste, schwere Böden werden durch Kompost gelockert, lassen sich leichter bearbeiten, und es gelangt lebenswichtiger Sauerstoff in die Wurzelzone. Leichte Sandböden dagegen können durch Kompostgaben Wasser und Nährstoffe besser festhalten. Kranke Böden werden nach und nach gesunden, weil sich durch ständige Humuszufuhr das natürliche Gleichgewicht im Boden wieder herstellt. Pflanzenschädigende Nematoden oder Bodenpilze werden durch eine genügend hohe Anzahl von Gegenspielern in Grenzen gehalten bzw. kommen gar nicht erst auf.
Ein zweiter Vorteil besteht darin, daß der einmal aufgesetzte Komposthaufen gleichmäßig ausreift, ohne daß man ihn umschaufeln muß. Das spart ebenfalls Zeit und Kraft.
Schließlich kann sich jeder den Aktivator für wenig Geld erwerben oder selbst herstellen, sofern er die nötigen Kenntnisse hat. In Deutschland ist das Kräuterpulver unter der warenzeichenrechtlich geschützten Bezeichnung ***Humofix***® erhältlich. Ein Päckchen reicht aus für zwei Kubikmeter pflanzliche Abfälle.

4.6 Mißerfolge – ihre Ursachen und Gegenmaßnahmen

Wir haben in den Ausführungen gesehen, daß gute Komposterde das Werk ungezählter Kleinstlebewesen ist. Bakterien und Pilze verschiedenster Art und Funktion, Kleintiere und Regenwürmer machen Kompost. Wir selbst beeinflussen und steuern ihre Arbeit, indem wir für sie die bestmöglichen Lebensbedingungen schaffen.
Trotzdem kommt es immer wieder vor, daß der Kompost nicht so gerät, wie man es sich vorgestellt hat. Dann stellt sich die Frage: Wie kam es zu dieser Fehlentwicklung? Was habe ich falsch gemacht, daß Mikroben und Kleintiere sich nicht wohl fühlten? Zum Trost mancher Anfänger ist dazu

zu sagen, daß im Grunde kein Komposthaufen als unbrauchbar abgetan zu werden braucht. Er kann immer durch Gegenmittel korrigiert werden. Mögliche Fehlentwicklungen, deren Ursachen und Gegenmaßnahmen sind im folgenden aufgeführt.

1. Es kommt zu Fäulnisbildung

Der Komposthaufen ist zu naß, übelriechend; der Luftzutritt ist behindert.
Mögliche Fehler: Zuviel weiches, zusammenklebendes Material wurde eingebaut; die Lagen wurden festgetreten; die Abfälle waren zu naß oder der Komposthaufen wurde durch starke Regenfälle durchnäßt; der Regenschutz wurde vernachlässigt; Kompostkasten oder Silo hatten nicht genügend Lüftungsspalten oder Luftlöcher an den Seitenwänden.
Gegenmaßnahme: Der Kompost hat Durchlüftung und Trocknung nötig. Man breite das Material wieder aus, lockere alles auf und lasse es antrocknen. Dann baue man daraus einen neuen Komposthaufen, indem man einige Schaufeln Humuserde zufügt und nach jedem Aktivieren wieder etwas frisches Grün.

2. Die Zersetzung des Materials ist mangelhaft

Der Komposthaufen ist wenig zersetzt, trocken und nach der Reifezeit pulverig, statt bröckelig.
Mögliche Fehler: Es wurde zuviel trockenes, angewelktes oder angerottetes Material eingebaut; die Feuchtigkeit wurde nicht kontrolliert; die Abdeckung wurde vergessen oder zu früh entfernt, so daß der Kompost weiter austrocknen konnte.
Gegenmaßnahme: Der Kompost braucht einen Zusatz von Feuchtigkeit. Man tränke ihn vorsichtig mit verdünnter Brennesseljauche oder mit Humuswasser, nehme für letzteres Mittel die doppelte Menge guter Erde in die Gießkanne, also zwei Schaufeln Humus in einen Eimer mit Regenwasser.

3. Der Komposthaufen ist zwar feucht genug, aber noch ungenügend oder kaum zersetzt

Mögliche Fehler: Das Aktivieren wurde vergessen; der Aktivator war unbrauchbar; die Anfangshitze wurde nicht erreicht, da kein ausreichender Wärmeschutz angebracht wurde; die Latten des Kastens wurden mit chemischen Imprägnierungsmitteln behandelt.
Gegenmaßnahme: Bei einem imprägnierten Kasten muß der Kompost dort herausgenommen und an einer anderen Stelle aufgesetzt werden.

Liegt ein anderer Fehler vor, ist eine Gegenmaßnahme nicht nötig. Der Kompost wird sich langsam zersetzen und schließlich doch zu gutem Humus werden. Wurde das Aktivieren ganz vergessen, kann er mit frischem Grün neu aufgesetzt, aktiviert und so doch noch zum Schnellzerfall gebracht werden.

Ist der Komposthaufen, nachdem er die Anfangshitze erreicht hatte, noch nicht ganz reif, so warte man noch eine Weile in Geduld. Der Reifeprozeß ist von vielerlei Umständen abhängig, wie Witterung, Beschaffenheit des Materials u. a., so daß seine Dauer nur annähernd angegeben werden kann.

5 Erfahrungsberichte zum Kompostbau

5.1 Der Frühjahrskomposthaufen

Schon oft wurde uns die Frage gestellt: Woher sollen wir im Frühjahr genügend Material nehmen, um einen Komposthaufen an einem Tag fertigstellen zu können? Vielleicht kann der folgende Bericht aus dem Garten der Abtei Fulda (Frühjahr 1989) dazu einige Anregungen geben.

Im Laufe des Winters und der ersten Frühjahrsmonate hatte sich allerlei an organischen Abfällen angesammelt: Kartoffelschalen und -keime, Gemüse- und Obstabfälle, Schalen von Äpfeln, Bananen und Zitrusfrüchten, verwelkte Blumensträuße, Kaffee- und Teesatz, zerkleinerte Eierschalen, Eierpappen, Wellkartonstückchen und manches mehr. All das war nach und nach zu unserem Sammelhaufen im Garten, der auch bei Schnee und Regen gut erreichbar war, gebracht worden. Schon vor Einbruch des Winters hatten wir dort drei Eimer Gartenerde und einen kleinen Eimer Kalk bereitgestellt, damit wir jedesmal, wenn neue Küchenabfälle hinzugeschüttet wurden, etwas Erde und Kalk dazwischenstreuen konnten, um Fäulnis zu vermeiden.
Der erste Schnellkomposthaufen des Jahres wurde aber erst am 20. Mai gebaut, als zu diesen abgelagerten Abfällen eine mindestens ebenso große Menge an frischem Material hinzukam.
Und wo kam es her? Da gab es beim Bestellen des Landes schon allerlei Unkraut und die Reste der winterlichen Bodenbedeckung. Hahnenfußpflanzen wurden mitsamt ihren langen Wurzelranken aus dem Beerenstück herausgezogen. Die Gartenwiese wurde das erste Mal gemäht, und der leicht angetrocknete Schnitt lag am Kompostplatz zum Einbauen bereit. Aber die kostbarste Zugabe waren mit der Sichel geschnittene, noch vor der Blüte stehende Brennesseln und saftige Löwenzahnrosetten, die wir uns von einem brachliegenden Baugelände herzlich gern holen durften. Wer oft und begeistert Kompost baut, bekommt einen Blick für solche wertvollen Zugaben aus der Natur.
Das frische Material brauchte mit Ausnahme der zähen Hahnenfußwurzeln nicht zerkleinert zu werden.
Und dann konnte der Kompostbau beginnen. Nicht vergessen worden war natürlich das Ansetzen des Aktivators am Tag vorher. Wir rechneten mit zwei Kubikmetern Kompostmaterial und lösten ein Päcken *Humofix* in einem Liter Regenwasser auf.

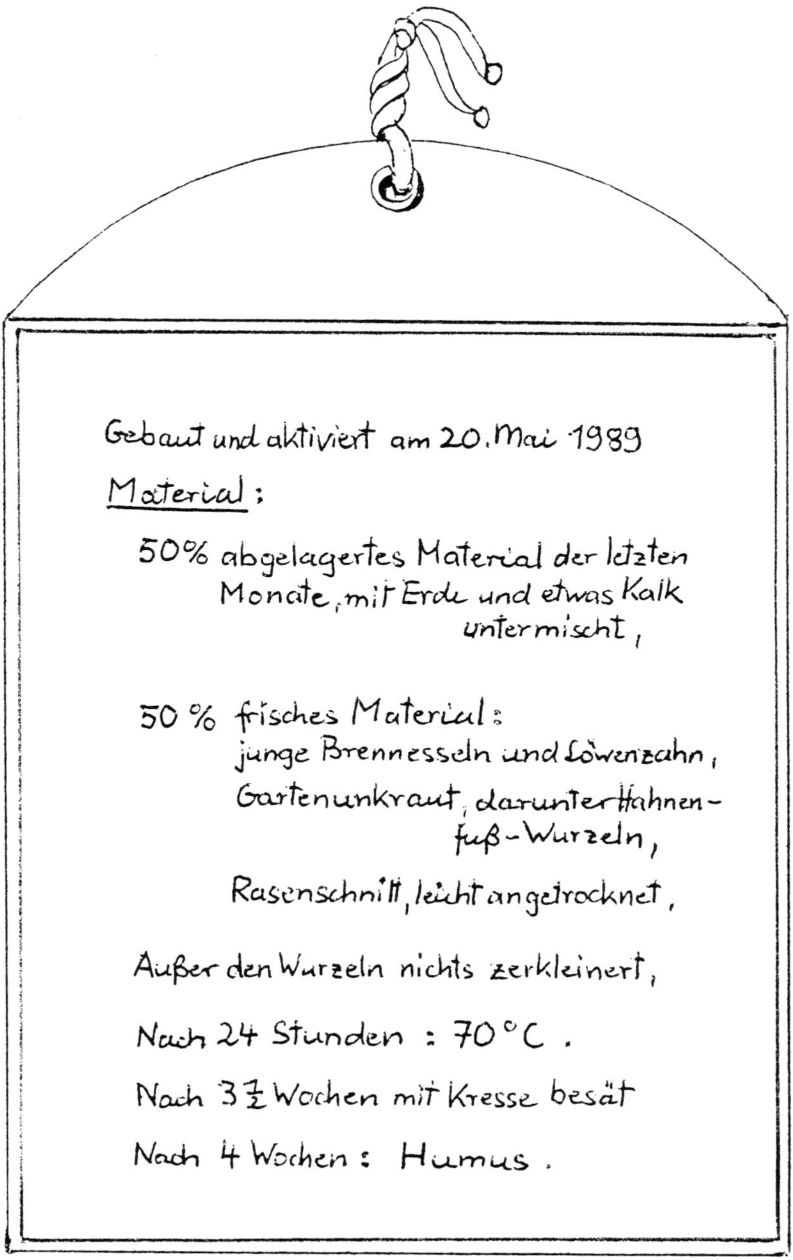
Gebaut und aktiviert am 20. Mai 1989
Material:
50% abgelagertes Material der letzten Monate, mit Erde und etwas Kalk untermischt,
50 % frisches Material:
junge Brennesseln und Löwenzahn,
Gartenunkraut, darunter Hahnenfuß-Wurzeln,
Rasenschnitt, leicht angetrocknet,
Außer den Wurzeln nichts zerkleinert,
Nach 24 Stunden: 70 °C.
Nach 3 ½ Wochen mit Kresse besät
Nach 4 Wochen: Humus.

Nachdem wir den Grundriß (2 m x 1 m) mit etwas fein gestreutem Kalk angedeutet hatten, lockerten wir den Boden durch Einstechen mit der Grabgabel und leichtes Anheben der Scholle auf. Nun konnten die Schichten aufgetragen werden. Bei einer solchen Auswahl an Kompostmaterial machte das Aufsetzen und gleichzeitige Mischen von Frischem und Altem, Weichem und Zähem, Nassem und Trockenem richtig Freude. Schnell wuchs der Hügel empor. Jede etwa 20 cm hohe Schicht wurde mit Erde überstreut, die wir mit dem Rechen von einem noch unbestellten Gartenstück holten, und dann fein mit *Humofix*lösung übersprüht, Kalk fügten wir nicht hinzu, da er schon im Sammelhaufen enthalten war.
Von der dritten Lage an verjüngte sich der Hügel nach oben hin, und schließlich formten wir mit der letzten Schicht eine Art Dachgiebel und überstreuten das ganze Gebilde dick mit Erde.
Zum Schluß deckten wir den Haufen mit alten Säcken ab, Unkraut und Hahnenfußwurzeln sollten nämlich durch die Hitze ihre Lebenskraft verlieren. Schon nach 24 Stunden maßen wir mit einem alten Einmachthermometer 70° C. Am dritten Tag nahmen wir die Wärmehüllen weg und bohrten mit einer zugespitzten Stange Löcher in den heißen Komposthaufen hinein. Der Dampf stieg sichtbar aus ihnen auf, und frische, sauerstoffreiche Luft konnte mitten in den Hügel hineinströmen.
Ein Schild mit den wichtigsten Daten, die wir im Laufe des Reifungsprozesses noch ergänzten, wurde in eine Klarsichthülle gesteckt, an einem Stab befestigt und an der Stirnseite des Komposthaufens angebracht.
Wie das Schild aussah, zeigt die Abbildung auf S. 56.

Alle Mühe hat sich gelohnt. Schon nach vier Wochen konnten wir staunend feststellen, daß dunkler, bröckeliger, nach Walderde duftender Humus geworden war. Gewiß, einige härtere Stengel waren noch dazwischen, mit denen aber die Regenwürmer auch nach dem Aufbringen des Humus aufs Land fertig werden.

Vom Segen dieses ersten Frühjahrs-Komposthaufens können wir etwas Schönes berichten: Wir haben im Garten einen kleinen Zitronenstrauch, dem der Winteraufenthalt im Gewächshaus und das Umpflanzen ins Freie schlecht bekommen war. Mit gelben müden Blättern stand er traurig da. Und der bekam die erste kostbare Humusgabe von diesem Haufen.

Es dauerte nicht lange, da fing er an zu grünen, zu blühen und zu gedeihen. Natur hatte der Natur geholfen.

5.2 Mißratene Komposthaufen

Zweimal ist mir ein Komposthaufen mißraten.
Beim ersten Mal war es ein Komposthaufen nur aus **frischem Schnitt unserer Obstwiese.** Ich wollte es als Anfänger einfach nicht glauben, daß so herrliches, saftiges Grün sich nicht ohne weiteres kompostieren läßt, zumal auf der Wiese nicht nur Gräser, sondern üppiger Löwenzahn, Wegerich, Taubnesseln, Hahnenfuß und mancherlei Blumen wuchsen.
Und so baute ich aus dem frischgemähten saftigen Grün ohne Zwischenschichten von irgendwelchem anderen Material einen Komposthaufen. Die Hitze stellte sich schnell ein, leider auch ein widerlicher Gestank. Der Grasschnitt war zu kompaktem Matsch geworden, ließ keine Luft mehr zu und fing bald an zu faulen.
Mein Komposthaufen war mißraten, aber nicht ganz verdorben. Ich breitete die Masse aus, überstreute sie leicht mit Kalk und ließ sie einige Tage trocknen. Dann wurde sie beim nächsten Komposthaufen mit eingebaut und ergab zusammen mit anderen Abfällen dennoch einen guten Humus.
Durch Erfahrung belehrt, vermied ich es künftig, aus Rasenschnitt und anderem saftigem Grün ohne Zusatz von zähen Stoffen Kompost zu bauen. Ist zuviel davon da, verwende ich lieber einen Teil zum Mulchen auf Beeten, zwischen Sträuchern und unter Bäumen. Rasenschnitt, der zum Kompostbau bestimmt ist, muß vorher etwas anwelken. Dann wird er mit anderem möglichst auflockerndem Material vermischt und locker als Komposthaufen aufgesetzt.

Den zweiten Mißerfolg hatte ich mit einem herbstlichen Komposthaufen aus großen Mengen von **sehr nassen, maschinell abgeschabten, feinen Möhrenabfällen.**
Die Großküche lieferte an einem Tag mehrere Eimer dieses ziemlich nassen Breies, den ich schichtweise mit in einen Komposthaufen einbaute, in der Hoffnung, daß der Brei sich nach unten hin austropfen würde. Aber das geschah nicht, sondern die große Nässe führte zu Fäulnis. Es war bald zu riechen und zu sehen: Unzählige kleine Fliegen umschwirrten begierig den Haufen und vermehrten sich gewaltig, so daß eine ganze Wolke davon aufstieg, wenn ich auf den Unglückshaufen

klopfte. Bezeichnenderweise sammelten sie sich nur auf diesem Haufen, während die anderen Komposthaufen, sogar ein dicht nebenanstehender, nur ein paar Tage älterer Hügel, von den Fliegen nicht beachtet wurden. Was war nun zu tun? Es blieb nichts anderes übrig, als die Masse auszubreiten und nach ein paar Tagen neu aufzubauen, vermischt mit Stroh, Eierpappen und anderem trockenem Material. Und auch dieser Haufen wurde zu Humus.

5.3 Obstabfälle – wohin damit?

Erstmalig hatten wir in diesem Jahr keine Möglichkeit, Abfälle von Äpfeln und Birnen der Viehfütterung zugute kommen zu lassen. Und in einem großen Haushalt fällt besonders in der Zeit des Einkochens viel an. Dazu kamen die Birnen, die von einem sehr hohen Baum abfielen und auf dem Hofpflaster zerschellten. Verfaultes, besonders von Monilia befallenes Obst wanderte in den Container. Es ließ sich aber nicht vermeiden, daß im Küchenabfall auch manches zu faulen begann.
Wohin damit?
Keinesfalls wollten wir unsere guten Komposthaufen damit „verderben". Warnen die Fachleute doch immer wieder vor einem zu großen Anteil an Obstabfällen im Komposthaufen wegen der Gefahr, durch Verklebung und Fäulnis die Rotte zu stören.
Nun kam gerade in diesen Tagen ein etwa ein Kubikmeter großer Pappkarton ins Haus. Der war uns als *Kompostbehälter* gerade recht. Wir stellten ihn etwas versteckt zwischen einige Beerensträucher und füllten ihn nach und nach mit Obstabfällen, denen wir immer wieder etwas Kalk, Gesteinsmehl, Erde und herumliegende Zweige beimischten, und aktivierten mit *Humofix.* Den Deckel des Kartons verschlossen wir. Bei Regen legten wir sogar eine Plane über, die wir mit Steinen beschwerten.
Trotzdem konnten wir nicht vermeiden, daß jedesmal, wenn wir den Deckel öffneten, um neue Abfälle einzufüllen, Scharen von kleinen Fliegen aufflogen, die durch den Geruch der gärenden Masse angelockt wurden und sich in dem Karton kräftig vermehrten.
Durch Lüften, wobei wir mit einer längeren Holzstange in den Abfällen herumrührten, und durch dichteres Einstreuen von Gesteinsmehl versuchten wir die Fliegen zu vertreiben, zunächst jedoch mit geringem Erfolg.
Nach einiger Zeit nahmen die Obstabfälle aus der Küche ab. Die kleineren

Mengen konnten die normalen Komposthaufen ohne weiteres verkraften. So überließen wir den Karton eine Weile sich selbst und warteten ab. Nachdem er etwa zwei Monate lang seine Dienste getan hatte und von innen her weich geworden war, begann er sich nach einer Seite zu neigen. Da entschloß ich mich, bevor er sich vollends auflösen und das Innenleben preisgeben würde, den Inhalt herauszugabeln.
Ich traute meinen Augen kaum! Wo waren die Obstabfälle geblieben? Der Karton war gefüllt mit dunkler, nasser Erde, in der es geradezu wimmelte von Regenwürmern! Vom Boden des Pappkartons war keine Spur mehr übriggeblieben. Vorsichtig gabelte ich alles auf einen Haufen und deckte ihn sorgsam von oben und allen Seiten mit einer dicken Schicht Laub ab, um unseren treuen Helfern ein gutes Winterquartier zu sichern.
Wir sind sicher, daß wir auch diesen Kompost im Frühjahr gut verwenden können, denn alles, was durch den Leib der Regenwürmer gewandert ist, wird zu fruchtbarem Humus.

5.4 Ein kleiner Kompost (6-kg-Behälter)

Um eine Probe mit selbstgesammelten, getrockneten und gemahlenen *Humofix*kräutern zu machen, baute eine Kundin in einem kleinen Holzgefäß, das 6 kg Marmelade gefaßt hatte, einen Miniatur-Komposthaufen, aktivierte mit dem Kräuterwasser und ließ ihn fünf Wochen stehen. Da er von oben her nach nichts aussah und der Platz benötigt wurde, stürzte sie den Kübel auf ein Beet. Und siehe da, die untere Hälfte war herrlich schwarze Erde. Die wurde schleunigst zusammengerafft und dem skeptischen Bruder gezeigt, der nun von dem Gelingen des Experiments und der Methode Bruce überzeugt war.
Wir bringen dieses Ergebnis zur Kenntnis all jener, die entweder keinen Platz für einen größeren Komposthaufen haben oder keine Zeit oder immer nur wenig Material und sich auch mit kleinsten Mengen Humus bescheiden können. Die Holzumwandung hat die Wärme gehalten, und der geringe Inhalt war mit der Sauerstoffzufuhr zufrieden.

5.5 Kompost im Waschmittelkübel

Eine naturverbundene Dame aus München, die zwar noch gar keinen Garten besaß, auch kein Grundstück, wo sie einen solchen hätte anlegen können, wollte doch das Wunder des neuen Kompostes erleben. Sie nahm einen großen Waschpulverkübel aus Pappe, reinigte ihn und wusch ihn gründlich aus, ließ ihn trocknen und lüften, lochte ihn und schichtete schön geschnittene Kräuter wie Comfreyblätter, blühende Schafgarbe, Nesseln, Löwenzahn und andere „Unkräuter" vermischt mit Erde ein und aktivierte. Die Masse wurde sogar heiß. Als sie aus dem Urlaub kam, war ihr erster Gang auf den Balkon zu dem Kompostkübel. Es war tatsächlich schöne Erde geworden, wenn auch noch einige nicht ganz verrottete Fasern enthalten waren.

5.6 Schwarze Humuserde aus Kuhmist

Was hier eine erstaunte Kundin mitteilt, ist für uns keineswegs so außergewöhnlich, wie sie es darstellt, noch dazu, da dem Dung eine schöne Rottezeit zugebilligt worden war. Aber lassen wir sie selbst sprechen: „Im Frühjahr lieferte uns der nahegelegene Wirtschaftshof 90 Zentner Kuhmist, der zunächst provisorisch in zwei Haufen aufgesetzt und mit Erde abgedeckt wurde. Im Juni setzten wir die Haufen an einen anderen Platz um. Sie wurden mit *Humofix* geimpft und mit Grassoden (Grasnarbe nach innen) bedeckt. So ließen wir sie den Winter über liegen.
Im März nahm ich an einer Stelle die Grasdecke weg. Sie war innen bereits am Verrotten, der Kuhmist schwarze, krümelige Erde geworden. Die ganze Familie wollte es kaum glauben, daß so etwas möglich sei. Ich habe schon oft mit *Humofix* geimpft, Kompost aller Art, aber einen so schlagenden Beweis seiner Wirkungskraft bisher nicht erlebt."

5.7 Der Regenwurmhügel

Als ich noch ein kleines Mädchen war, stand ich, wenn die Mutter unseren Gartenboden umgrub, kampfbereit daneben, um jeden zum Vorschein kommenden Regenwurm als vermeintlichen Gartenfeind für einen benachbarten Angler in ein Eimerchen zu stecken. – Und heute, nachdem ich weiß, daß die Regenwürmer unsere Helfer sind, die den

wertvollsten Humus produzieren und das Erdreich auflockern, tue ich genau das Gegenteil: Ich gebe ihnen die beste Chance, sich zu vermehren. So habe ich ihnen im letzten Jahr einen Hügel gebaut, etwa 2 m lang und 80 cm breit. Alles Kompostmaterial, von dem ich wußte, daß es den Regenwürmern besonders gut schmeckt, wurde, mit etwas Erde vermischt, in diesen Hügel eingebaut: das Abgeschabte von den Möhren, der Abfall beim Verarbeiten von Kürbis und Melonen, Reste von Obst und Südfrüchten, Kaffeesatz, die absterbenden Teile von Erbsen, Luzerne, Alexandrinerklee und anderen Schmetterlingsblütlern sowie alles, was von Zwiebeln und Lauch abfiel. Schon Darwin hatte entdeckt, daß die Zwiebelstückchen von den Regenwürmern „mit viel Ergötzen verzehrt werden". Der ganze Hügel wurde mit Erde abgedeckt, bei Trockenheit mit verdünnter Zwiebelschalenjauche überbraust und im Spätherbst noch in eine dicke Laubschicht eingepackt.
In ein solches Regenwurmparadies hätten sich wahrscheinlich von selbst Einwohner eingefunden, aber ich half etwas nach. Aus einem der verrottenden Komposthaufen entnahm ich ein Eimerchen Erde, die mit vielen Würmern unserer einheimischen Art *Eisenia foetida* durchsetzt war, und baute diese in meine kleine Regenwurmzucht ein.
Und dann stand dieser Hügel unter „Naturschutz". Hier sollten die Würmer durch keinerlei Gartengeräte gestört werden.
Nur einmal kurz vor Winterbeginn nahm ich voller Spannung eine Gabel und hob vorsichtig eine Scholle hoch. Der Anblick war für Gärtneraugen beglückend: Es wimmelte nur so von rotgeringelten Kompostwürmern, großen und kleinen! Es war eine echte Gartenfreude!

6 Spezialkomposte

In vielen Fällen stehen größere Mengen einer einzigen Abfallart als Kompostmaterial zur Verfügung. Auch diese können in guten Humus verwandelt werden, wenn man jeweils die Besonderheiten des Materials beachtet. Diese Spezialkomposte sind dann auch für ganz bestimmte Zwecke zu verwenden.

6.1 Holzschnittkompost

In vielen Fällen kann gehäckseltes Schnittholz direkt als Mulch unter Obst- und Ziergehölze ausgebracht werden. Will man es als Kompost aufsetzen, schichtet man Lagen von 20 cm Höhe auf und streut Erde und Steinmehl dazwischen. Der Erdanteil kann hierbei allerdings etwas geringer sein. Um die Belüftung braucht man sich aufgrund der Struktur des Materials keine Sorgen zu machen. Dafür wird der Kompost aus Schnittholz leicht zu trocknen. Dem kann man durch Übergießen mit Wasser oder Brennesseljauche abhelfen.

Handelt es sich ausschließlich um frischen Baum- und Strauchschnitt, besteht die Gefahr, daß der Haufen im Innern zu heiß wird (weit über 70 Grad C) und die Hitze lange Zeit hält. Die schnelle Austrocknung geht damit Hand in Hand. Aber auch das kann durch regelmäßiges Kontrollieren und Überbrausen mit Regenwasser oder Brennesseljauche ausgeglichen werden.

Naturgemäß verrottet Holzschnitt langsamer als normaler Gartenkompost, denn alle holzigen Anteile sind härter und für Mikroben schwerer angreifbar als weiche Pflanzenteile. Wird der Holzschnittkompost mit *Humofix* aktiviert, läßt er sich schon nach zwei Monaten als Mulchkompost aufs Land ausbringen. Der Sommerschnitt der Beerensträucher, der im Juli kompostiert wird, kann schon im September zum oberflächlichen Einarbeiten auf abgeerntete Flächen verwendet werden. Noch vorhandene Stengelteile sind faserig oder so krümelig, daß sie auf dem Land rasch zerfallen.

Ausgereifter Holzschnittkompost besitzt eine gute Krümelstruktur mit vielen stabilen Humusverbindungen. Er eignet sich besonders zum Düngen von Beerenobst und als Blumenerde.

6.2 Laubkompost

Große Mengen Herbstlaub gehören nicht in einen gemischten Gartenkompost. Sie verzögern den Vererdungsprozeß. Als Laubkompost stellen sie jedoch eine billige Humusquelle dar.
Alles Laub wird im Herbst sorgfältig gesammelt, sofern man es nicht als Mulch unter den Bäumen und Sträuchern liegenlassen will. Die verschiedenen Laubarten sind dabei unterschiedlich zu bewerten. **Birkenlaub** ergibt eine besonders wertvolle Heilerde. **Buchenlaub** ist stark kalkhaltig, während **Eichenlaub** stark säurehaltig ist und sich langsam zersetzt. Letzteres kann entweder mit etwas mehr Kalk kompostiert werden, oder es ergibt ohne Kalk einen Spezialkompost für Rhododendren, Azaleen, Heidelbeeren und andere Moorbeetpflanzen.
Neben den Blättern aller Obstbäume lassen sich Linden-, Ahorn-, Hasel-, Eschen-, Weiden-, Ulmen-, Buchen- und Pappelblätter gut kompostieren. Man sammelt im Herbst alles Laub in einem Drahtsilo. So kann es vom Wind nicht verweht werden. Größere Blätter kleben leicht zusammen und verhindern den Luftzutritt. Daher sollten große Blätter vorher zerkleinert werden mit dem Häcksler oder dem Rasenmäher. Im Drahtkorb des Rasenmähers lassen sie sich übrigens auch gut auffangen und sammeln. Schon beim Anhäufen im Silo streue man von Zeit zu Zeit etwas Erde und Kalk dazwischen und bedecke das Ganze zum Schluß mit einer ca. 5 cm dicken Erdschicht für den Winter. Ist der Anteil an Buchenlaub sehr hoch, ist das Einstreuen von Kalk nicht erforderlich.
Im Juni des nächsten Jahres baut man daraus einen Komposthaufen, wobei jeweils eine Laub- und eine Erdschicht miteinander abwechselt. Nach jeder Erdschicht wird mit *Humofix* aktiviert. Meist ist das Laub zu dieser Zeit schon mit Regenwürmern durchsetzt, die nun mit eingebaut werden und beim Verrotten helfen. Das abgestorbene Laub entwickelt keine Hitze mehr, so daß die Regenwürmer nicht weiter gefährdet sind. Im Spätherbst des nächsten Jahres kann man den Kompost durchsieben. Besser ist es aber, man läßt ihn noch bis zum Frühjahr des nächsten Jahres liegen. Er wird zu einer ausgezeichneten Blumenerde. Laubkompost mit Lehmzusatz eignet sich auch gut zur Düngung von Zwiebeln.
Walnuß-, Kastanien- und Platanenblätter enthalten besonders viele Gerbstoffe und keimhemmende Substanzen, die im Laufe der Rotte freigesetzt werden. Unreifer Kompost aus diesen Laubarten kann daher auf Saatbeeten Keim- und Wachstumsstörungen auslösen. Diese Laubarten kompostiert man auch nicht mit anderem Laub zusammen, weil dadurch der

Rotteprozeß verzögert wird. Im Laufe der Humifizierung werden jedoch gerade aus Gerbstoffen wertvolle Humusverbindungen aufgebaut. Als gut ausgereifter Kompost kann er überall im Garten verwendet werden.

6.3 Mistkompost

Mist kann sowohl zusammen mit pflanzlichen Abfällen kompostiert werden als auch allein für sich. Dünne Lagen von Stallmist jeder Art begünstigen im Gartenkompost die erwünschten Umsetzungen, beschleunigen die Reife und erhöhen den Wert des Kompostes.
In der Landwirtschaft, wo größere Mengen Mist anfallen, sind separate Mistkomposthaufen oder Mieten das gegebene. Je frischer der Mist kompostiert wird, desto besser ist seine Wirkung. Wenn er längere Zeit *gestapelt* wurde, ist sein Wert als Nahrung für die erwünschten Mikroben im Komposthaufen weitgehend verringert. Ebenso steht er als *spekkiger Mist* für die Pflanzenwurzeln nicht zur Verfügung.
Sind verschiedene Tierarten da, durchmischt man den täglich anfallenden Dung, setzt ihn locker auf einer Lehmunterlage auf und deckt mit lehmhaltiger Erde ab. Beim Weiterbauen am nächsten Tag wird dann jeweils mit *Humofix* aktiviert und gegebenenfalls etwas Grün mit eingeschichtet. Sehr stroharmer Mist erhält noch eine Zugabe von Stroh, Sägemehl oder Laub. Alle Mistarten werden grundsätzlich ohne Kalk kompostiert, weil sonst zuviel Stickstoff verlorengeht und der pH-Wert des Mistkompostes ohnehin hoch genug ist.

Am besten eignet sich für den Kompostbau **Rindermist** wegen seiner ausgewogenen Zusammensetzung. Man kompostiert ihn vorteilhaft mit lehmhaltiger Garten- oder Ackererde im Verhältnis 5:1, also fünf Teile Mist und ein Teil Erde. Wer noch frisches Grün zur Verfügung hat, soll dies auf jeden Fall mit einbauen. Man schichtet den Mist locker auf, in Lagen zu 10 cm und bedeckt sie jeweils mit Erde. Über die einzelnen Schichten wird neben der *Humofix*lösung, die darüber gesprengt wird, auch eine halbe Handschaufel kalkarmes Steinmehl gestreut.

Schweinekot gilt als *kalter Mist.* Er erreicht meist keine genügend hohe Anfangshitze, und der hohe Wassergehalt (ca. 84 %) verhindert das Anlaufen der erwünschten Umsetzungen. Wenn er einige Tage an der Luft vorgetrocknet und mit sehr trockenem Material vermischt wird, läßt er sich besser kompostieren. Der Erdanteil muß dabei mindestens so hoch sein wie beim Rindermistkompost.

Pferdemist wird leicht heiß und zu trocken. Während der ersten heißen Phase muß man öfter mit kaltem Wasser überbrausen, um den Feuchtigkeitsgehalt auszugleichen.

Auch von **Geflügel-, Kaninchen- und anderem Kleintierdung** kann man Komposthaufen anlegen. In der Regel wird dabei wohl ein *Miniatur-Komposthaufen* herauskommen. Er wird wie Rindermistkompost gebaut und gleicht diesem auch als Fertigprodukt. Getrockneter Dung kann auch kompostiert werden, man muß ihn jedoch vorher aufweichen.

Alle Mistkompostarten sind sehr wertvolle Dünger für Starkzehrer, mit 50 % Gartenerde vermischt ergeben sie eine gute Setzlingserde.

6.4 Mooskompost

Gelegentlich hat sich nach einem feuchten Winter das Moos im Rasen stark vermehrt und muß mit einem Vertikutiergerät herausgeharkt werden. Was aber geschieht dann mit dem vielen Moos? In den normalen Komposthaufen kann dieses zähe Material nicht gegeben werden, denn dort würde es die Zersetzung der anderen Abfälle hemmen. Doch auch Moos kann zu gutem Humus werden.

Zunächst wird das Moos gesammelt und mit zerkleinerter Wellpappe, die vorher in Regenwasser eingeweicht war und naß durch den Gartenhäcksler gegeben wurde, vermischt. Anschließend geht man vor wie beim Bau eines normalen *Humofix*komposthaufens. Moos und Pappe werden aufgeschichtet und die einzelnen Lagen jeweils mit Steinmehl, Algenkalk (es geht aber auch mit gewöhnlichem Düngekalk), Bentonit und Hornspänen dick eingepudert und mit *Humofix* aktiviert. Statt Hornspänen kann man auch Oskorna oder einen anderen organischen Handelsdünger verwenden. Ganz zum Schluß wird der Haufen noch mit Baldrianwasser (ein Tropfen Baldrianblütenextrakt auf ein Liter Wasser) überbraust. **Wichtig ist,** daß dem Moos, das ja sehr sauer und nährstoffarm ist, viel Kalk und stickstoffhaltiges Material beigemischt wird, um die Zersetzung zu intensivieren.

Der Kompost wird sehr schön warm, und nach etwas mehr als drei Monaten ist von dem Moos und der Pappe nichts mehr zu sehen, weil alles duftende braune Erde geworden ist. Natürlich ist die Zeitspanne von

mehr als drei Monaten recht lang für die Verrottung eines Schnellkomposthaufens. Doch bei dem zähen, schwer verrottbaren Material Moos ist auch das ein schöner Erfolg.
Wer nicht so viel Pappe zusammenbekommt, kann das abgerechte Moos auch mit weniger Pappe aufsetzen, dafür etwas Erde zwischenstreuen und ebenfalls mit *Humofix* aktivieren.
So entsteht ein guter Mulchkompost, der sich bestens für die Tomaten verwenden läßt.

6.5 Rasenschnittkompost

Rasenschnitt in größeren Mengen darf nie ganz frisch kompostiert werden. Es entsteht sonst eine puddingartige, übelriechende, grüne Masse, die mangels Luftzufuhr in Fäulnis übergeht. Um das zu vermeiden, wird Rasenschnitt zunächst auf dem Boden ausgebreitet, damit er etwas anwelkt. Dann wird er mit Komposterde oder einfacher Gartenerde vermischt im Verhältnis 3:1 (drei Teile Rasenschnitt, ein Teil Erde). Es muß also erheblich mehr Erde hinzugegeben werden als in normalen Mischkompost. Küchenabfälle, die gerade vorhanden sind, sollten auf jeden Fall mit eingebaut werden.
Die Mischung setzt man schichtweise auf, streut jeweils etwas Gesteinsmehl und Kalk ein und aktiviert mit *Humofix*. Zur besseren Durchlüftung hat es sich bewährt, zerkleinertes Reisig einzubauen. Dieses verrottet zwar nicht so schnell wie der Rasenschnitt, kann aber später leicht ausgesiebt werden. Zerkleinerte Pappe, vor allem Eierpappen und zerknülltes Zeitungspapier gleichen Feuchtigkeit und C/N-Verhältnis recht gut aus und können deshalb den einzelnen Schichten in kleinen Mengen zugefügt werden.
Gut durchlüfteter Rasenschnittkompost wird sehr heiß, verrottet schnell und ergibt einen wertvollen Humus, der als Dünger zu Starkzehrern und Blumen eingesetzt werden kann.

6.6 Rasensodenkompost

Bei Rasensoden wird die Erde möglichst gut abgeschüttelt, dann setzt man Rasen gegen Rasen und Erde gegen Erde auf und aktiviert zwischen den Erdschichten. Kalk sollte man hierbei nicht streuen, da sich oft noch Regenwürmer zwischen dem Wurzelwerk aufhalten, die dann verätzt

würden. Durch den hohen Erdanteil wird die Temperatur nicht so hoch steigen, daß die Regenwürmer gefährdet sind. Unkrautsamen müssen nicht abgetötet werden, so daß in diesem Fall keine Anfangshitze benötigt wird.
Der Haufen verrottet etwas langsamer, ergibt jedoch eine hochwertige Blumenerde.

6.7 Rindenkompost

Sorgfältig kompostierte Baumrinde bietet sich heute als gleichwertiger Ersatzstoff für Torf an. Rinde fällt in riesigen Mengen als lästiger Abfall in den Sägewerken an, wird also nicht dem Wald entzogen. Versuche haben ergeben, daß man durch geeignete Rotteverfahren ein wirtschaftlich wertvolles Produkt aus Baumrinde herstellen kann. In der Regel wird eine saubere, gelenkte Kompostierung der Rinde im Hausgarten kaum möglich sein.
Für wirklichen Qualitätskompost ist eine Rottedauer von ca. 12 Monaten erforderlich, wobei man in drei Schritten vorgeht:
1. ca. 4 bis 5 Monate Ankompostierung auf dem Sammelstapel; dabei werden schon Gerbstoffe durch einen Fermentationsprozeß abgebaut.
2. ca. 3 bis 4 Monate Hauptkompostierung auf der Rotteplatte; dabei werden durch Zugabe wichtiger Ergänzungsstoffe das C/N-Verhältnis, der pH-Wert und die Mischfeuchte eingestellt.
3. Nachrotte und Ausreifen auf dem Nachrotte- bzw. Lagerstapel.

Heute sind drei Gruppen von Rindenprodukten auf dem Markt, die sich deutlich voneinander unterscheiden:
1. **Rindenmulch:** Er eignet sich vor allem zur Bodenbedeckung, verhindert Erosion, Austrocknung und Verhärtung des Bodens. Außerdem enthält die Mulchschicht noch wachstumshemmende Inhaltsstoffe der Rinde, die über einen längeren Zeitraum hinweg die Keimung von Unkrautsamen unterdrücken. Aus diesem Grund darf er keineswegs in den Boden eingearbeitet oder für Saatbeete und Jungpflanzen verwendet werden. Rindenmulch ist sehr stickstoffarm, d. h., es kann Stickstoff aus dem Boden entzogen werden. Eine zusätzliche Stickstoffdüngung ist daher angebracht.
2. **Rindenhumus:** Dieses Material hat eine Kompostierung nach verschiedenen Verfahren durchlaufen. Wesentlich dabei ist, daß die wachstumshemmenden Substanzen vollständig zu Humusstoffen umgebaut sind.

Das Stickstoffverhalten im Rindenhumus soll neutral sein, d. h., es darf kein Stickstoff dem Boden entzogen werden.
3. **Rindensubstrate:** Hierbei handelt es sich um fertige Kultursubstrate und Pflanzerden auf der Basis von Rindenhumus. Stoffe wie Ton, Torf und Sand können zusammen mit Nährstoffen beigemischt sein. Über die Mindestmenge an Rindenhumus, die darin enthalten sein muß, gibt es jedoch keine Bestimmungen.

6.8 Sägemehlkompost

Wenn Sägemehl frisch auf den Boden gebracht wird, kann es das Wachstum von Kulturpflanzen beträchtlich hemmen. Drei Gründe sind dafür verantwortlich:
Erstens enthalten Sägemehl, Hobelspäne und andere holzige Abfälle Tannine, Harze und Gerbstoffe unterschiedlichster Art. Diese Stoffe wirken keim- und wachstumshemmend auf alle Pflanzen. Die gute Unterdrückung des Unkrautwuchses ist damit zu erklären.
Ein weiterer Grund für die zunächst ungünstige Wirkung des Sägemehls ist das weite C/N-Verhältnis (vgl. Kap. 2.4.1.1). Diese Stickstoffarmut führt dazu, daß zunächst dem Boden Stickstoff entzogen wird. Die Pflanzen leiden infolgedessen an Stickstoffmangel.
Schließlich hat Sägemehl einen sehr niedrigen pH-Wert, wirkt also sehr sauer, wodurch auf Dauer der Boden versauert und die Pflanzen anfällig werden für Schädlinge und Krankheiten.
Diese Nachteile können jedoch durch eine Kompostierung behoben werden, denn gerade die oben erwähnten Inhaltsstoffe werden zu wertvollen Dauerhumusverbindungen umgebaut.
Dazu wird das Sägemehl gut angefeuchtet und bleibt ca. 14 Tage angehäuft liegen. Nach dieser Vorbereitung mischt man, um den *Stickstoffmangel* auszugleichen, mit stickstoffreichen Abfällen, z. B. mit frischen Brennnesseln, grünen Gartenabfällen oder Stallmist im Verhältnis 1:1. Hat man weder Grünmaterial noch Stallmist zur Verfügung, kann man pro Kubikmeter Sägemehl 2 bis 3 kg Horn- oder Blutmehl bzw. Oskorna oder einen anderen organischen Handelsdünger beimischen. Um den *pH-Wert* zu erhöhen, werden etwa 5 kg Düngekalk und zur *Strukturverbesserung* 5 kg Gesteinsmehl untergemischt.
Dann wird der Kompost locker aufgesetzt. Zur besseren Durchlüftung mengt man zerkleinertes Reisig unter. Sägemehlkompost trocknet leicht

aus, was durch Kontrollieren und reichlich Wasserzugabe vermieden wird.
Im Sommer ist bei gleichmäßiger Durchfeuchtung in drei bis vier Monaten schon ein brauchbarer Mulchkompost entstanden, der auf Baumscheiben und zwischen Beerensträucher verteilt, das Regenwurmleben anregt. Reifkompost kann überall im Garten verwendet werden.

6.9 Strohkompost

In viehlosen Betrieben ist Stroh häufig im Überfluß vorhanden. Allein zersetzt es sich schwer, da das C/N-Verhältnis sehr hoch ist. Auf jeden Fall muß es vor dem Aufsetzen gehäckselt und gut durchfeuchtet werden. Dazu weicht man es am besten in Brennesseljauche oder Kompostwasser ein (man rührt etwas reifen Kompost in einen Behälter mit Wasser, so daß eine teefarbene Flüssigkeit entsteht). Durch die halmartige Struktur bleiben immer noch genug Hohlräume für die Durchlüftung offen.
Das gut durchfeuchtete Stroh wird nun locker aufgesetzt in Schichten von ca. 10 cm, jeweils mit etwa 3 cm Erde oder Reifkompost bedeckt und mit *Humofix*lösung übersprüht. Nach Möglichkeit füge man noch in jede Lage frische grüne Brennesseln oder andere grüne Gartenabfälle ein. Das frische Grün gibt die Lebenskraft ab. Angefeuchtete und zerquetschte Brennesseln entwickeln die Zerfallshitze schneller als jedes andere Material. Über jede Schicht können auch stickstoffhaltige Stoffe (Horn-, Blut- und Knochenmehl oder andere organische Handelsdünger), etwas Algenkalk und Gesteinsmehl gestreut werden. Vorteilhaft für die Rotte erweist sich auch das Übergießen der einzelnen Schichten mit Brennesseljauche oder Kompostwasser.
Ein richtig gebauter Strohkomposthaufen hat sich in vier bis sechs Monaten in lockere schwarze Erde verwandelt, die vor allem zur Düngung von Beerensträuchern, Zwiebeln und Möhren gute Dienste tut.

6.10 Torfschnellkompost

Gelegentlich findet man in Lehrbüchern den Hinweis, aus Mischungen von Torf und Handelsdüngern sei ein Torfschnellkompost herzustellen. Dazu möchten wir bemerken, daß Torf und Mineraldünger „tote" Materialien sind. Sie können auf keinen Fall den Boden beleben. Zudem sollte der Torfverbrauch im Gartenbau soweit als möglich eingeschränkt werden, damit die restlichen Hochmoore erhalten bleiben können. Gleichwertige Ersatzstoffe für Torf sind ja gerade die verschiedenen Komposte, die den Boden genausogut lockern, das Wasser speichern und zudem noch den Boden beleben, was der tote Torf niemals kann.

7 Verwendung von Kompost

7.1 Allgemeine Richtlinien zur Verwendung von Kompost

Jede Kompostgabe wirkt sich positiv auf das Bodenleben aus. Je lebendiger der Boden ist, um so besser wird er durchlüftet, um so besser wird seine Struktur und sein Garezustand. Darüber hinaus hat jeder Kompost auch eine spezifische Düngewirkung, die je nach Ausgangsstoffen mehr oder weniger hoch ist. Für die einzelnen Spezialkomposte wurden daher bereits im vorigen Kapitel Verwendungsmöglichkeiten aufgezeigt.

Reifer Kompost kann überall im Garten eingesetzt werden und schadet nie. Da der Kompost sowohl das Pflanzenwachstum fördert als auch die Bodenfruchtbarkeit aufbaut, sind bei mageren, vernachlässigten Böden zunächst hohe Kompostgaben angezeigt, später kann die Menge allmählich verringert werden.
Man arbeitet den Kompost in die Oberschicht des Bodens – nicht tiefer als 15 cm – mit dem Karst oder Kultivator ein. Als Richtmaß gelten 2 bis 3 kg pro m^2. Auf ausgehungerten, mageren Böden kann man jedoch ohne weiteres mehr geben, bis 10 kg pro m^2, sofern man genügend Vorrat hat.
Legt man mehr Wert auf Strukturverbesserung des Bodens, so sind einmalige große Gaben zu empfehlen. Sie führen eher zur Anreicherung von Dauerhumus. Kommt es aber auf die Düngewirkung an, sind mehrere kleinere Gaben vorteilhafter. Bei insgesamt gleicher Menge werden sie eher abgebaut und stehen den Pflanzen als Nährhumus zur Verfügung.
Zur Herstellung von **Saat-** und **Pikiererden** darf nur reifer Kompost verwendet werden.
Eine gute Mischung für **Saaterde** ist:
5 Teile Gartenerde, 2 Teile Kompost, 1 Teil Sand;
bei stark lehmhaltiger Gartenerde:
4 Teile Gartenerde, 2 Teile Kompost, 2 Teile Sand.
Nach Belieben kann noch Gesteinsmehl zugefügt werden.
Für **Pikier-** und **Pflanzerde** soll der Kompostanteil größer sein, da die Pflänzchen jetzt schon mehr Nährstoffe aus dem Boden entnehmen. Hier gilt als Faustregel:
2 Teile Gartenerde, 1 Teil Komposterde und bei Bedarf zur Auflockerung etwas Sand und Steinmehl.
Im Freiland streue man in Saatrillen eine Mischung von gesiebtem Kompost und Sand ein.

Angerotteter Kompost oder **Mulchkompost** wird nicht in den Boden eingearbeitet. Er bleibt entweder als Bodenbedeckung liegen oder wird nur ganz leicht mit der obersten Schicht vermischt. Hier gilt als Richtmaß: 6 bis 10 kg pro m^2.

Flüssiger Dung oder **Kompostwasser** eignet sich hervorragend zur Belebung alter, tragmüder Obstbäume. Man wirft eine Schaufel reifen Humus in einen Eimer mit Regenwasser, rührt gut um, so daß eine teefarbene Flüssigkeit entsteht. Die Brühe muß nun etwas ziehen und wird danach nochmals gut umgerührt. Mit einer spitzen Stange oder auch einfach mit einer Mistgabel sticht man Löcher in den Boden im Bereich der Kronentraufe und gießt diese Brühe im zeitigen Frühjahr in die Löcher. Je nach Größe der Bäume rechnet man 10 bis 20 Liter pro Baum.

7.2 Empfehlungen für einzelne Kulturen

Möhren und **Karotten** sind empfindlich gegen frischen Stallmist und teilverrotteten Kompost. Sie bilden danach häufig gegabelte Wurzeln. Hohe Erträge von großen gesunden Rüben erhält man nach Verabfolgung guter, reifer Komposterde, die man im Herbst aufs Land gibt und im Frühjahr etwas einharkt.

Gurken, Melonen und **Kürbis** gedeihen am besten, wenn man guten, nährstoffhaltigen Kompost in die Pflanzlöcher bzw. Pflanzhügel gibt. Er muß für diese Gewächse nicht vollkommen ausgereift sein. Auch für eine Bodenbedeckung aus teilzersetztem Kompost oder pflanzlichen Abfällen sind Gurken und ihre Verwandten sehr dankbar.

Kohlarten sind Starkzehrer und müssen gut mit Nährstoffen versorgt werden. Reifkompost fördert bei allen Kohlgemüsen die Wurzelentwicklung, erhöht den Ertrag und verbessert die Qualität. Ein Teil des Kompostes kann im Herbst als teilzersetzter Kompost zur Bodenbedeckung verabreicht werden. Im Frühjahr gibt man Reifkompost ins Pflanzloch.
Mit Kompost gedüngte Kohlpflanzen werden von Kohlweißlingen verschont. Ebenso wird der Befall durch die Kohlfliegen, die durch frischen Stallmist und faulige, unzersetzte organische Masse angelockt werden, vermieden.

Radieschen, Rettiche und **Kohlrüben** vertragen ebenfalls keinen faulen-

den, unzersetzten Kompost oder Stallmist, gedeihen aber gut mit reifem Kompost.
Sellerie ist eine kochsalzliebende Küstenpflanze. Außer nährstoffreichem Kompost, der ins Pflanzloch gegeben wird, ist er dankbar für einen Guß mit Kompostwasser, dem etwas Kochsalz zugesetzt ist.

Schmetterlingsblütler (Bohnen und Erbsen) lieben kalkreichen Kompost, wobei Erbsen sehr genügsam sind, während Bohnen etwas mehr benötigen. Sie verwerten im Herbst verabreichte Kompostgaben ausgesprochen gut.

Tomaten gedeihen besonders gut auf Komposten ihrer eigenen Abfälle. Allerdings wird nicht jeder soviel Tomatenkraut haben, um einen Komposthaufen nur von diesen Abfällen zu bauen. Dann verhilft Mistkompost oder normaler Gartenmischkompost, der erst teilverrottet ist, zu schmackhaften, festen Früchten. Der Kompost wird ins Pflanzloch gegeben. Zusätzlich wird der Boden um die Pflanze herum mit angerottetem Kompost bedeckt, damit sich auch reichlich Seitenwurzeln bilden. Für Bodenbedeckung aus verrottendem pflanzlichen Material ist während der gesamten Vegetationszeit zu sorgen.

Rhabarber wird schon beim Pflanzen reichlich mit Kompost bedacht. Die Düngung in den folgenden Jahren erfolgt nach der Ernte. Reifer Kompost wird nach vorheriger Bodenlockerung als Bodendecke aufgebracht oder flach eingearbeitet.

Bei einer Neuanlage von **Spargel** setzt man die Pflänzchen in eine 5 cm starke, gesiebte Kompostschicht über einer Lage von etwa 2 cm reifem, ungesiebtem Mistkompost. Nach dem Stich der letzten Stangen wird alljährlich eine Gabe aus reifem Kompost und Mistkompost verabreicht, was der Entwicklung der Pflanzen sehr zuträglich ist.

Zwiebeln werden in frisch gegrabenem Land locker und schlottig, deshalb sollen sie unbedingt auf gesetztes Land gepflanzt werden. Sie besitzen ein geringes Aneignungsvermögen für Bodenkali und sind sehr chlorempfindlich. Gut gedeihen sie mit lehmhaltigem Laubkompost.

Knoblauch wird auf die gleiche Weise gedüngt, er verlangt jedoch sonnige Lage.

Lauch oder **Porree** benötigt kali- und lehmhaltigen Kompost, der direkt und reichlich in die Pflanzlöcher gegeben wird.

Küchen- und **Heilkräuter** werden im allgemeinen nur sparsam mit reifem Kompost gedüngt. Es kommt ja dabei in erster Linie auf die Gehalte an ätherischen Ölen, Duft- und Aromastoffen an, die bei starker Düngung eher abnehmen.

Stauden und **Ziersträucher,** die im Frühjahr blühen, sind nach der Blüte zu schneiden und mit Kompost zu versorgen, alle im Sommer oder Herbst blühenden Stauden oder Sträucher im Spätherbst oder zeitigen Frühjahr.

Rosen sind dankbar für lehmhaltigen Mistkompost.
Für die meisten unserer **Frühjahrsblüher** und **Zwiebelblumen** eignet sich Laubkompost hervorragend.

Alle **Obstbäume** und **Beerensträucher** reagieren sehr gut auf Kompostdüngung im Herbst und eine ganzjährige Bodendecke aus angerottetem Material. Bei **Himbeeren** kann man durch Bodenbedeckung das Rutensterben wirksam bekämpfen. Für tragmüde **Obstbäume** ist der bereits erwähnte *flüssige Dung* zu empfehlen.

Alle diese Angaben wollen nur Vorschläge und Richtlinien sein, die ohne Schaden auch abgewandelt werden können, wenn die angegebenen Kompostarten nicht vorhanden sind. Im Gegensatz zu anderen Düngungsformen schadet eine Düngung mit reifem Kompost nie, sondern bringt nur Vorteile für das Pflanzenwachstum und den Bodenzustand.

8 Flächenkompostierung und Mulchen

Kompost zu bauen ist nicht die einzige Möglichkeit, den Boden mit Humus zu versorgen, wenn auch die gelenkte Verrottung unserer Abfälle im Komposthaufen die wichtigste Art der Humusgewinnung bleibt.
Doch schauen wir, wie die Natur selbst, dort, wo der Mensch nicht eingreift, den Boden schützt und fruchtbar erhält. Da gibt es überhaupt nur bedeckten Boden. Ein in der Natur unbedeckter Boden ist Wüste! Entweder bringt die Erde selbst mannigfache Pflanzen hervor – meist nennen wir sie Unkräuter –, die sie schützen vor Verkrustung, Austrocknen und Abschwemmen durch starke Regenfälle. Für eine andere Bodendecke sorgt die Natur im Wald. Die Laubschichten, die alljährlich übereinanderfallen, verrotten allmählich und versorgen das Erdreich mit Humus. Heben wir die Blätterdecke an, zeigt sich uns ein lockerer, feuchter Boden, reich bevölkert von der Kleintierwelt.

Sollten wir nicht in unseren Gärten die Natur nachahmen und den Boden bedeckt halten, wann immer es möglich ist?
In der Praxis reden wir dann von Bodenbedeckung, Mulchen und Flächenkompostierung. Doch was ist eigentlich genau unter diesen Begriffen zu verstehen?
Immer wenn die nackte Erde bedeckt und dadurch geschützt ist, sprechen wir von **Bodenbedeckung.** Doch kann der Boden selbstverständlich auch durch Pflanzenwuchs bedeckt sein. Nehmen wir z. B. eine Wiese, auf der verschiedene Gräser, Kräuter und Wildblumen einen dichten Teppich bilden. Hier ist die Erde bedeckt, beschattet und gleichzeitig durchwurzelt. Im Garten wird diese Art der Bodenbedeckung durch **Gründüngung** nachgeahmt.
Eine andere Art der Bodenbedeckung – und darauf wird an dieser Stelle besonders eingegangen – ist das Ausbreiten verschiedener Materialien auf dem Boden, also das, was wir **Mulchen** oder **Flächenkompostierung** nennen. Ob allerdings aus dem Mulch wertvoller Flächenkompost wird, so wie uns das die Natur im Wald vormacht, hängt wesentlich davon ab, welches Material benutzt wird.
Verwendet man Folie – es gibt ja eigens schwarze *Mulch*-Folie, die das Unkraut unterdrückt –, so ist leicht einzusehen, daß daraus kein Kompost entstehen kann, selbst nicht bei verrottbarer Folie, die man nach Gebrauch in mehr oder weniger großen Stücken in den Boden einarbeiten kann.
Pappe ist als Material zur Bodenbedeckung sehr viel wertvoller. Sie kann

vollständig verrotten und liefert Futter für Regenwürmer und Mikroorganismen. Gerade im Winter bleibt der Boden unter einer Abdeckung von Pappe wunderbar locker und geschützt. Da sie aber sehr nährstoffarm ist, bleibt eine Düngewirkung, wie sie von einem guten Kompost verlangt wird, aus, d. h., es muß noch zusätzlich gedüngt werden.

Für eine Bodenbedeckung, aus der ein guter **Flächenkompost** entstehen soll, kommt im Prinzip alles in Frage, was gut verrottet, den Boden schützt und außerdem noch ordentlich aussieht.

Nicht geeignet zum Flächenkompost sind sehr feuchte Küchenabfälle, z. B. Apfelsinen- und Bananenschalen, Zwiebelabfälle und samentragendes Unkraut. Ersteres wegen des unschönen Anblicks und der Geruchsbelästigung, wenn man solche Abfälle offen aufs Land ausbreitet, letzteres, weil die Samen sonst sofort wieder auskeimen. Schwer verrottbare Stoffe wie Stroh, Ästchen, Heckenschnitt und Laub gehören nicht als Flächenkompost aufs Gemüseland. Zwischen Beerensträuchern und unter Obstbäumen leisten sie aber gute Dienste.

Im **Gemüsegarten** muß im Frühjahr natürlich das Land frei sein zur Aussaat und Pflanzung. Aber im Laufe des Jahres kann zwischen die Gemüsereihen ein Flächenkompost aufgebracht werden. Besonders dankbar sind Tomaten, Gurken und Bohnen für solchen Flächenkompost, während Möhren, Zwiebeln, Lauch, Radieschen, Rettiche, Rote Bete, Kohlarten und Sellerie auch ganz gut ohne auskommen. Einerseits bedecken sie selbst sehr schnell den Boden durch ihr Wachstum, andererseits können durch angerottete Gartenabfälle auch Gemüsefliegen angelockt werden. Jedenfalls sollen zumindest Möhren und Zwiebeln schon handhoch sein, bevor zwischen die Reihen Flächenkompost aufgebracht wird.

Die einzelnen Lagen werden je nach Jahreszeit und den jeweils anfallenden Abfällen unterschiedlich beschaffen sein. Dadurch ist aufs Ganze gesehen schon eine Mischung des Kompostes gewährleistet, selbst wenn eine Schicht nur aus zerkleinerten Ernterückständen einer einzigen Pflanzenart, z. B. Bohnen oder Gurken besteht. Sind genügend Gartenabfälle vorhanden, so ist es besser, diese zu mischen und sie dann auf die Freiräume zwischen den Gemüsereihen, nicht direkt an die Pflanzen, aufzutragen. Eine Lage wird im Frühjahr noch sehr flach sein, und bisweilen schaut der Boden hindurch. Das schadet aber nichts, denn es kommt ja bald wieder etwas hinzu. Eine Schicht wird jeweils mit Gesteinsmehl und Algomin (Korallenalgenkalk) sparsam bestäubt und mit *Humo* *fix*lösung besprüht. Bei der Menge richtet man sich nach den Angaben für den Komposthaufen: Ein halber Liter der vorschriftsmäßig angesetzten Lösung reicht auch hier für einen Kubikmeter Pflanzenmaterial. Der Unterschied besteht darin, daß die Abfälle nicht zu einem Haufen aufgeschichtet, sondern jeweils dünn über eine größere Fläche verteilt werden. Durch das Übersprühen mit *Humofix* wird eine gesunde Verrottung gewährleistet, und es entstehen keine unangenehmen Gerüche, wie es manchmal bei Kohlblättern der Fall ist, wenn man sie unbehandelt liegen läßt. Gras eignet sich sehr gut zum Abdecken einer Lage. Es sollte vorher leicht angewelkt sein, damit die Schnecken nicht angelockt werden.

Diese Bedeckung zwischen den Pflanzenreihen darf man ohne Gefahr für den Boden als Trittweg benutzen und auch bei feuchtem Wetter betreten. Wenn es notwendig ist, wird in diese Bodenbedeckung hinein gegossen. Der harte Wasserstrahl wird durch sie abgefangen, zerteilt und geht wie durch einen Filter.

Flächenkompost verrottet sehr schnell. Außerdem hat er den Vorteil, daß der Kompost gleich am richtigen Platz liegt und nicht aufgetragen zu werden braucht. Über Winter bleibt er auf dem Land, schützt den Boden und verrottet langsam weiter. Reste werden im Frühjahr abgerecht, damit bei der Gartenbestellung der Boden frei ist. Nach Möglichkeit wird der ganze Boden im Frühjahr schon eingesät. Flächen, die für eine spätere Kultur vorgesehen sind, bekommen eine Grüneinsaat. Diese liefert dann gleich das erste Material für die Bodenbedeckung und den beginnenden Flächenkompost. Sehr gut geeignet ist dafür Spinat. Daneben haben sich noch Senf und Ackerbohne bewährt.

Auch auf die **Baumscheiben ertragsmüder Obstbäume** kann Flächenkompost in der gleichen Weise mit gutem Erfolg aufgeschichtet werden. Ein kleiner Ring von etwa 10 bis 20 cm bis zum Stammgrund muß jedoch freibleiben. Das Laub des eigenen Baumes kann im Herbst über den Flächenkompost ausgebreitet werden und bietet einen zusätzlichen Schutz. Auf diese Weise kann man alte, tragmüde Obstbäume wieder verjüngen.

Nun könnte man meinen, Flächenkompostierung könne den arbeitsaufwendigeren Bau eines Komposthaufens ganz ersetzen. Doch das ist keineswegs der Fall. Viele unserer Gemüsepflanzen haben andere Bedürfnisse als Waldbäume, deren Wurzeln ja kaum mit dem angerotteten Laub in Berührung kommen.

Frisch Gesätes und Gepflanztes kann reifen Kompost viel besser verwerten. Zudem sind angerottete Abfälle oft von einer Beschaffenheit, daß sie Fliegen und anderes Ungeziefer anlocken.
Die Rotte im Komposthaufen verläuft unter kontrollierten Bedingungen wesentlich schneller und mit geringeren Verlusten als eine Rotte, die der Witterung ausgesetzt ist und zwischen nassen und trockenen, heißen und kalten Perioden abwechselt. So wird auch verständlich, daß die Kompostierung eine bessere und nachhaltigere Dauerhumusbildung zur Folge hat. Die gelenkte Verrottung unserer Abfälle im Komposthaufen wird deshalb, auch wenn man verschiedene Teile des Gartens mit Flächenkompost versorgt, die wichtigste Art der Humusgewinnung bleiben.

Alphabetisches Stichwortverzeichnis

Literaturverzeichnis

Abtei Fulda: Der Natur auf der Spur, Eigenverlaug (Broschüre leider vergriffen).

Bruce, M. E.: Gartenglück durch Schnellkompost, Übertragung der engl. Originalausgabe durch Laurentia Dombrowski, Waerland-Verlagsgenossenschaft EG, Mannheim

Caspari, Fritz: Fruchtbarer Garten, M. Klug, München-Pasing 1964.

Franck, Gertrud: Gesunder Garten durch Mischkultur, Verlag Organischer Landbau, Ulm.

Heyer, Gustav von: Der Regenwurm, dein Freund und Helfer. Eigenverlag, Hamburg.

Hitschfeld, Oswald: Dauerfruchtbarkeit und Gesundheit im Land- und Gartenbau, Welt und Wissen, Büdingen.

Könemann, Ewald: Neuzeitliche Kompostbereitung, Waerland-Verlagsgenossenschaft, Mannheim.

Kompostfibel: Aktionszentrum Umweltschutz, Berlin.

Pfirtner, Hirschheydt, Ott, Vogtmann: Kompostieren, Verlagsgenossenschaft Migros, Aargau/ Solothurn.

Preuschen, Brauner, Stourhas, Willi: Gesunder Boden = leistungsstarker Betrieb, Stocker-Verlag, Stuttgart.

Rohde, Gustav: Lehrbuch der natürlichen Kompostierung, Deutscher Bauernverlag, Berlin.

Rohde, Gustav: Die natürliche Kompostierung/Lehrhefte, Verlag der Kleingärtner, Siedler und Kleintierzüchter.

Schroeder, Dieter: Bodenkunde in Stichworten, Hirt, Hamburg.

Seifert, Alwin: Der Kompost im Garten ohne Gift, M. Klug, München-Pasing.

Siebeneicher, Georg E.: Neues, Großes Gartenlexikon, Südwest Verlag, München.

Spohn, Eberhard: Selber kompostieren für Garten und Feld, Schnitzer Verlag St. Georgen.

Stellwag, Karl: Kraut und Rüben, H. G. Müller, Krailling bei München.

Vogtmann, Hartmut: Umweltschutz im Garten, neuform Vereinigung Deutscher Reformhäuser eG.

Voitl, Guggenberger, Willi: Das große Buch vom biologischen Land- und Gartenbau, Orac-Pietsch-Verlag, Wien.

Firmenverzeichnis

Bio-Gartenmarkt Keller, Inh. Albert Kiefer, Konradstraße 17, D-7800 Freiburg (Angeb. v. E. O. Cohrs, Plastiknetze, biol. Sämereien, Gärtöpfe etc.).

Bornträger, Heinrich, biologische Kräutergärtnerei, 6521 Offstein (Kräuter-Samen und -Jungpflanzen, biol. Gemüse, Frischkräuterpakete, Spritzkräuter für Pflanzenjauchen).

Geisel, Heinrich, Ludwigstraße 70, D-8510 Fürth.

Kumschier, Wilhelm, Kloppenheimer Weg 3, D-6200 Wiesbaden-Sonnenberg, Ruf: (06121) 420180 (Algomin 400 und Basaltmehl).

Mockenhaupt KG, Edm., 5241 Harbach üb. Betzdorf/Sieg.

Verlag Aussaattage M. Thun, Postfach 1446, D-3560 Biedenkopf/Lahn.

Weiss, Erwin, bei der Stadtkirche, D-7798 Pfullendorf (alle Spritzkräuter [Drogen]).

Erdaufbereitungs- und Häckselmaschinen

Berkili, in vielen Größen und Arten
Bernhard Kirchhoff, Maschinenbau, D-4725 Liesborn

Erdwolf, 4–7 PS, Benzin oder elektrisch
Simon Möhringer, Maschinenfabrik, D-8711 Feuerbach 3

Kompoststar, Benzinmotor,
Vertzki GmbH, D-7332 Eislingen

Kompofix, 3–9 PS, Diefenbacher KG, D-7500 Karlsruhe

Kompowolf, Hammermühle, Möschle GmbH, D-7601 Ortenberg

Samix Allesfresser, 4 PS, elektrisch oder Benzin
Kompostservice, Aichelbergerstr. 16, D-7302 Ostfildern 4

Solo, mit 4-PS-Combimotor,
Solo-Kleinmotoren,
D-7032 Sindelfingen-Maichingen

Viking-Alleshäcksler in versch. Stärken
Viking GmbH, Fabrikstr. 3–5, Postf. 1228,
D-6110 Dieburg

Handhäcksler; Ering GmbH, Metallwarenfabrik,
Ringstr. 1, D-8300 Ergolding

(Ohne Verbindlichkeit für uns hinsichtlich Gültigkeitsdauer und Lieferungsmöglichkeit. Anfragen bitte nur direkt an die genannten Firmen richten.)

In
wenigen Wochen
reifer

HUMUS

durch

HUMOFIX®

Mit Hilfe der
Schnellkompost-Methode
von M. E. Bruce

verwandeln sich in erstaunlich kurzer Zeit organische Abfälle aus Garten und Haushalt in fruchtbare Erde. Im lebendigen Kreislauf erhält der Boden zurück, was er hergibt.

Seit 1951 wird das Kräuterpulver Humofix® (Quick Return) von der Abtei Fulda hergestellt und hat seitdem vielen Gärtnern zu echtem Gartenglück verholfen.

Wie wirkt Humofix?

Im Humofix-Pulver kommen sieben Substanzen in einer von Miss Bruce erprobten homöopathischen Dosis (1,2 g Pulver in 1 Liter Wasser „gelöst" reichen für 2 cbm Kompostmaterial) zu voller Wirkkraft, indem sie das Leben und die Funktion von Milliarden von Kleinstlebewesen anregen, die sich vom Kompostmaterial ernähren und es umwandeln in Humus.

Welche Vorteile bringt die Aktivierung mit Humofix?

- Sie beschleunigt die Umwandlung organischen Materials in Humus (4 bis 6 Wochen im Frühjahr und Sommer).
- Es wird eine Anfangstemperatur von 60 bis 65° C erreicht, bei der die Keimkraft der „Unkraut"-Samen, Krankheitserreger sowie Schädlinge und ihre Brut zerstört werden.
- Ein Umschaufeln ist nicht mehr notwendig.

Welche Vorteile hat die Humus-Düngung?

- Humusreicher Boden ist voller Leben, ist fruchtbar, locker, warm und absorptionsfähig. Seine Oberfläche verkrustet nicht.
- Die Pflanzen wachsen kräftiger und schneller und haben Widerstandskraft gegen Krankheiten und Schädlinge.
- Obst und Gemüse schmecken herzhaft und sind gut haltbar.
- Gesunde Nahrung schenkt gesundes Leben!

Wie läßt sich Humofix sonst noch verwenden?

Für Saatbäder, zur Wachstumsförderung, zum Gießen von Blumen und Zimmerpflanzen.

Bücher aus der Abtei Fulda

Gemüseanbau im Biogarten

Überarbeitete Neuauflage unserer Broschüre „Gemüsebau auf naturgemäßer Grundlage“. Nach Monaten geordnet wird die Arbeit im Gemüsegarten knapp und leicht verständlich dargelegt und die Freude am biologischen Gärtnern gestärkt. Darüber hinaus helfen ausführliche Tabellen über Mischkulturen, günstige Vor- und Nachkulturen der einzelnen Gemüsearten und Kräuter im Mischkulturenanbau bei der Planung der Gartenbestellung.
Aus der Praxis für die Praxis. 96 Seiten

Pflanzensaft gibt Pflanzen Kraft

Sie erfahren, wie Sie selbst aus Pflanzen Jauchen, Brühen, Tees und Auszüge herstellen und für Ihre Pflanzen einsetzen können zur Düngung, zur Bekämpfung von Schädlingen und Krankheiten sowie für Saatbäder.
56 Seiten

COMFREY – was ist das?

Die geradezu wunderbare Heilpflanze Comfrey (Symphytum peregrinum), die sich leicht im Garten anpflanzen läßt, wird in ihrer Bedeutung für Mensch, Tier und Boden dargestellt. Menschen, die ihre erstaunlichen Heilkräfte erfuhren, kommen in diesem Buch selbst zu Wort. 128 Seiten.

Wildbeeren auch im Garten

Wildbeeren, geschätzt durch ihre Heilkräfte, lassen sich auch im Garten ziehen, wenn man nur der Natur auf der Spurt bleibt im Anbau und in der Pflege. 40 Seiten.

Obstbaukalender auf biologischer Grundlage

Für jeden Monat werden die an den Obstbäumen notwendigen Arbeiten aufgezeigt und mancherlei Anregungen und Hilfen gegeben für die richtige Sortenwahl und Schädlingsbekämpfung bis hin zum Vogel- und Bienenschutz. 36 Seiten.

Beerenobst in naturgemäßem Anbau

Wer selbst Erdbeeren, Johannisbeeren, Stachelbeeren, Himbeeren, Brombeeren oder Weinreben zu pflegen hat, wird in allen wichtigen Fragen beraten. 134 Seiten.

Heil- und Würzkräuter, naturgemäßer Anbau und Verwendung

Wenn irgendwo eine ausschließlich naturgemäße Arbeitsweise erforderlich ist, dann vor allem bei Kräutern, die uns gesund erhalten und in kranken Tagen heilen sollen. 26 besonders beliebte Heilpflanzen werden näher vorgestellt. 31 Seiten.

Blumen im Nutzgarten

In jeden Garten gehören Blumen. Sie stehen in lebendiger Beziehung zu ihrer Umgebung, schenken uns Freude und mancherlei Nutzen, decken den Tisch für ihre geflügelten Gäste und beeinflussen durch ihren Duft die pflanzliche Nachbarschaft. 48 Seiten.

Von der Abtei Fulda erschienen außer dieser Schrift:

Gemüseanbau im Biogarten
Heil- und Würzkräuter, naturgemäßer Anbau und Verwendung
Obstbaukalender in naturgemäßem Anbau
Beerenobst in naturgemäßem Anbau
Wildbeeren auch im Garten
Pflanzensaft gibt Pflanzen Kraft
(pflanzliche Gieß- und Spritzmittel für den Garten)
Blumen im Nutzgarten
Biotips aus dem Fuldaer Klostergarten
Comfrey – was ist das?
„Winke" als laufende Ergänzungen – dreimal jährlich – (mit alphabetischem Jahresverzeichnis)

Ferner erhältlich:

Hügelkultur, die Gartenbaumethode der Zukunft
von Beba-Andrä
Die Milchsäuregärung von Maria Lingenfelder

Neben den Büchern erscheinen aus der ABTEI FULDA die

WINKE

eine Zeitschrift für Freunde des biologischen Gartenbaus und der Natur. Sie erscheinen dreimal im Jahr, jedes Heft hat 24 Seiten. Soweit unser Vorrat reicht, sind die alten Jahrgänge von 1963 an zu stark ermäßigten Preisen noch erhältlich. Preise für das Abonnement und die Jahrgänge ersehen Sie aus der Bestellkarte.

Was steht in den Winken?

Gute Winke für die biologische Gartenarbeit aus den Erfahrungen der Abtei Fulda und der Winke-Leser – Bodenbereitung – Mulchen – Kompostbau – Mischkultur – Wühlmäuse – Schnecken – Läuse – Kräuterjauchen – Mehltau – Comfreysalbenherstellung – Umweltschutz – Vögel – Igel – Blumen und vieles, vieles mehr.

Was sagen die Winke-Leser?

„Ich wollte Ihnen schon lange für die Zusendung Ihrer ‚Winke' danken . . . Von Herzen möchte ich Ihnen gratulieren zu der Idee der ‚Winke'. Ganz großartig! Vor allem in der Kürze und so präzisen Form ist uns Gartenbesitzern sehr gedient. Für lange Abhandlungen fehlt die Zeit, und so ist es gerade das Richtige und das, was wir wirklich praktisch verwerten können."
K. H.

„Die ‚Winke' sind für uns eine echte Schatztruhe. Wenn man in den Heften liest, juckt es in den Händen und man möchte sofort anfangen. Ungeduldig warten wir nun auf den Frühling, um unseren Tatendrang befriedigen zu können. Nochmals, danke!!!"
H. S.

„Als langjähriger Leser Ihrer, lieber möchte ich sagen **unserer** ‚Winke' – denn ich fühle mich durch sie so sehr verbunden mit Ihnen, als kennten wir uns persönlich – möchte ich mich zuerst dafür herzlich bedanken, ich freue mich jedesmal, wenn sie kommen."
CH. O.